T0107940

QU'EST-CE QU'UNE ÉMOTION ?

COMITÉ ÉDITORIAL

CHEMINS PHILOSOPHIQUES

Collection dirigée par Roger POUIVET

Julien DEONNA
Fabrice TERONI

QU'EST-CE QU'UNE ÉMOTION ?

Paris
LIBRAIRIE PHILOSOPHIQUE J. VRIN
6, place de la Sorbonne, V^e
2016

Aux membres et amis de *Thumos*.

John RAWLS, *Théorie de la justice*, traduction C. Audard,
section 73, p. 519-524
© Paris, Seuil, 1997

© *Librairie Philosophique J. VRIN*, 2008

Imprimé en France

ISSN 1762-7184

ISBN 978-2-7116-1971-9

www.vrin.fr

QU'EST-CE QU'UNE ÉMOTION ?

La philosophie des émotions cherche à développer une théorie systématique des phénomènes que nous désignons par des termes comme « peur », « envie », « colère », « tristesse », « joie », « embarras », « honte », « jalousie », « remords », « nostalgie », « fierté », etc. que nous regroupons aujourd'hui sous le label générique de « émotions ». Ces phénomènes font partie de ce que l'on peut appeler le domaine affectif, au sein duquel on range également les passions, les humeurs et les sentiments. Tous ont une importance fondamentale qu'il est possible de mesurer du point de vue de la première personne comme de celui de la troisième personne. En ce qui concerne le point de vue de la première personne, il est incontestable que notre vie consciente est rythmée par le flux et l'enchevêtrement des phénomènes affectifs. Je me réveille de mauvaise humeur, m'énerve donc facilement, mais m'amuse néanmoins aux facéties de Justine, qui me séduit par son élégance. Quant au point de vue de la troisième personne, les phénomènes affectifs sont sans cesse invoqués pour expliquer le comportement d'autrui. Benoît reste dans sa chambre parce qu'il a honte, Alice brise le vase parce qu'elle est en colère.

Le domaine affectif se distingue d'autres types de phénomènes mentaux auxquels le langage ordinaire fait également référence, comme les croyances, les perceptions, les désirs, les sensations, les épisodes imaginatifs et les souvenirs. Avant d'essayer de comprendre le domaine affectif lui-même, examinons tout d'abord la manière dont nous parlons usuellement des cas typiques d'émotions, afin de cerner quelques traits importants du « langage des émotions » ainsi que la manière dont celles-ci se différencient de ces autres types de phénomènes mentaux.

Grammaire des émotions

La première constatation à laquelle un rapide examen du langage des émotions nous conduit est la suivante : les émotions possèdent toujours un objet, entendu au sens large. C'est pourquoi il fait toujours sens de se demander, par exemple, à propos de quoi Benoît est en colère (contre Edgar, parce que celui-ci l'a insulté), de quoi il a peur (de la chute des cours boursiers), de qui il est jaloux (de Marie qui tente de séduire Max). En philosophie, on dit pour cette raison que les émotions sont des phénomènes intentionnels. Remarquons plus particulièrement que les verbes désignant des émotions prennent différents types de compléments. « Benoît craint que sa vie soit en danger », « Marie espère que la conjoncture va s'améliorer », « Alice regrette que Jacob ne soit pas venu à la fête ». Dans ces trois exemples, le verbe désignant une émotion est suivi d'un complément propositionnel. Au contraire, dans « Benoît a peur du lion », « Marie admire Max » et « Valentin méprise les sexistes », le verbe prend un complément nominal. Bien que cela ne soit pas toujours le cas (l'admiration ne prend-elle pas toujours un complément nominal et le regret toujours un complément propositionnel ?), la plupart des verbes d'émotions peuvent prendre indifféremment des compléments nominaux ou propositionnels. Cependant, s'il est souvent relativement aisé de transformer une construction propositionnelle en construction nominale («Benoît craint pour sa vie», «Marie espère une amélioration de la conjoncture»), la transformation inverse est la plupart du temps artificielle. Il n'est en effet pas clair que l'admiration que Marie porte à Max soit spécifiable par le biais d'une seule, voire même d'une collection de propositions. Ce trait distingue clairement les émotions des croyances et des désirs, qui eux prennent toujours un complément propositionnel.

Occurrences et dispositions

Une autre distinction importante au sein des émotions, moins marquée dans le langage, concerne le contraste entre dispositions et occurrences. Considérez l'énoncé suivant: «Léonard est en colère contre Nina». Cet énoncé, en dehors de son contexte, peut se lire de deux manières distinctes. Il est premièrement possible de le comprendre comme affirmant que Léonard est en ce moment sous l'emprise de la colère. Il est ici fait référence à un épisode émotionnel particulier. Deuxièmement, il est possible de le comprendre comme faisant référence à une disposition émotionnelle de Léonard. Dans ce cas, l'énoncé n'implique aucunement que Léonard soit en ce moment sous l'emprise de la colère, mais uniquement qu'il éprouve de la colère envers Nina dans certaines circonstances, par exemple s'il se trouve en face d'elle. À l'inverse d'une occurrence comme un épisode émotionnel particulier, il ne fait pas sens de se demander à quel moment spécifique une disposition a lieu. Dans la mesure où les attributions d'émotions sont presque systématiquement sujettes à ce type d'ambiguïté, il est important de garder cette distinction à l'esprit[1]. En effet, selon les lectures qu'on en fait, ces énoncés désignent des phénomènes de nature très différente et ne seront pas satisfaits ou falsifiés de la même manière. Nous reviendrons en détail sur la notion de disposition affective.

Passivité

Le langage des émotions souligne en outre clairement leur dimension passive : le terme « émotion » lui-même, ainsi que son proche cousin « passion », l'indiquent déjà. Ce trait des émotions est mis en évidence dans de multiples expressions : ainsi, nous disons être « sous l'emprise de la panique », « saisis d'angoisse », « transportés par la joie », « envahis de honte », « accablés de chagrin », etc. Ces expressions ordinaires soulignent le fait que les émotions sont subies et que par conséquent on ne choisit pas de les avoir. Le philosophe dira que les émotions ne sont pas, contrairement à des épisodes d'imagination, par exemple, mais au même titre que les perceptions, directement sujettes à la volonté[2].

La normativité et ses formes

Malgré cette dimension passive, nos pratiques linguistiques montrent que les émotions sont néanmoins perçues comme des phénomènes sur lesquels un certain contrôle est possible, et sur lesquels une certaine responsabilité peut de ce

1. Pour une discussion de la distinction entre dispositions et occurrences dans le domaine de l'affectivité, voir K. Mulligan, « From Appropriate Emotions to Values », *The Monist*, 81, 1998.

2. Pour un point de vue divergent, voir J.-P. Sartre, *Esquisse d'une théorie des émotions*, Paris, Hermann, 1948 et R. Solomon, « Emotion and Choice », *The Review of Metaphysics*, 27, 1973.

fait s'exercer. Dans cette mesure, le langage des émotions n'est pas exempt de normativité, dont trois formes principales sont souvent soulignées. Tout d'abord, les émotions sont, semble-t-il à l'inverse des sensations, soumises à des contraintes de correction. Si Léonard a peur du gentil Médor, nous lui dirons par exemple que le chien ne représente aucun danger, et que dans ce sens sa peur est inappropriée. Ceci semble vrai de toutes les émotions, mais peut-être pas, comme nous le verrons, de tous les phénomènes affectifs. En ce sens, les émotions sont similaires à de nombreux états cognitifs tels que les croyances et les perceptions. Ces états ont des conditions de correction permettant de spécifier leur contenu sémantique et en conséquence de les évaluer de cette manière.

Ensuite, les émotions sont également sujettes à des contraintes normatives d'un autre ordre. Alice rit à la blague amusante de Benoît, mais René la critique dans la mesure où cette blague est cruelle pour certains des convives. Dans ce cas, à supposer que la blague soit bel et bien amusante, le caractère inapproprié de l'amusement d'Alice ne provient pas de son inadéquation à son objet, mais du fait qu'elle transgresse un autre type de normes, celles par exemple de la bienséance, de la prudence ou de la morale[1]. Sur ce point, les émotions se distinguent des perceptions, qui ne sont pas sujettes à des normes du même ordre. Le fait que nous évaluions les émotions de l'une ou l'autre de ces manières présuppose donc une certaine forme de contrôle, ce qui peut paraître à première

---

1. Sur les distinctions entre différents types de conditions de correction des émotions, voir par exemple J. D'Arms et D. Jacobson, « The Moralistic Fallacy: On the "Appropriateness" of Emotions », *Philosophy and Phenomenological Research*, 61.1, 2000.

vue difficile à concilier avec le caractère passif auquel nous faisions allusion[1].

Enfin, un sujet peut posséder de bonnes ou de mauvaises raisons d'éprouver une émotion, voire même n'en posséder aucune. Benoît possède en ce sens de bonnes raisons d'être joyeux s'il vient d'apprendre par un témoin fiable que sa femme est en bonne santé. Il en aurait de mauvaises s'il s'en réjouissait à l'écoute du témoignage d'un individu peu fiable. En un mot, nos émotions sont parfois justifiées, parfois injustifiées. Cette propriété rapproche les émotions des croyances, lesquelles sont souvent justifiées par des raisons, ce qui n'est pas le cas des perceptions.

DIVERSITÉ DU DOMAINE AFFECTIF

Nous avons déjà constaté, à partir de notre examen du langage ordinaire, quelques différences importantes entre les phénomènes affectifs, en particulier les émotions, et d'autres types d'états mentaux. Il convient maintenant de poursuivre notre examen de manière moins directement linguistique afin de tracer des distinctions à l'intérieur du champ des phénomènes affectifs. Ce champ regroupe en particulier les émotions, les humeurs, les sentiments, les passions, les tempéraments, les traits de caractère (et, par ce biais, les vertus et les vices) et parfois même les sensations et les désirs. Deux questions importantes se posent alors. Premièrement,

---

1. Il existe ainsi une vaste littérature sur la régulation des émotions, voir en particulier J.J. Gross (dir.), *Handbook of Emotion Regulation*, New York, Guilford Press, 2007.

comment différencier ces phénomènes? La réponse à cette question nous permettra d'établir une taxinomie du domaine affectif. Deuxièmement, existe-t-il des différences importantes à l'intérieur des phénomènes que nous désignons par le terme «émotion»? L'examen de cette question nous aidera à répondre à une interrogation philosophique importante: la catégorie d'émotion est-elle unifiée?

Afin de les distinguer des autres types de phénomènes affectifs, on soulignera trois traits saillants des émotions. Tout d'abord, une émotion a une certaine durée, qui peut varier de quelques secondes à quelques heures. Ensuite, il y a un certain «effet que cela fait» de ressentir une émotion – c'est en ceci que les philosophes parlent souvent d'une phénoménologie caractéristique des émotions[1]. Enfin, les émotions possèdent un objet. Ainsi, la peur d'Edgar porte sur le grizzli et dure douze minutes durant lesquelles il éprouve l'effet que cela fait d'avoir peur. Examinons maintenant si ces trois traits nous permettent de différencier les émotions des autres types d'états affectifs.

Passions et sentiments

Notons que cette tâche est compliquée par le fait que l'usage actuel de certaines expressions est loin d'être homogène ou univoque. Considérons tout d'abord le terme «passion». Celui-ci désigne traditionnellement l'intégralité du domaine affectif (émotions, plaisirs, désirs, etc.), mais est utilisé aujourd'hui de manière plus restrictive: il désigne soit des phénomènes affectifs particulièrement intenses et souvent dirigés vers des personnes (l'amour érotique et la

---

1. Nous discutons plus bas de la possibilité d'émotions inconscientes.

haine en sont des exemples paradigmatiques), soit peut-être les puissants désirs liés à leur satisfaction ou frustration.

Le terme « sentiment » a un usage encore plus varié. On désigne en effet indifféremment par ce terme des phénomènes cognitifs (« Firmin a le sentiment qu'il va pleuvoir demain »), la dimension phénoménologique de certaines expériences (« Alice a un sentiment désagréable »), de même que certaines dispositions affectives de longue durée (le sentiment d'amour de Benoît pour Alice). Pour ces raisons, nous éviterons désormais de parler de passions et de sentiments. Examinons en revanche la notion de disposition affective que nous venons de mentionner.

Variété des dispositions affectives

Nous avons déjà souligné plus haut que les attributions d'émotions étaient souvent ambiguës en ce qu'elles pouvaient être lues de manière occurrentielle ou dispositionnelle. Il convient maintenant de distinguer différents types de dispositions affectives, ce qui nous permettra de clarifier la nature d'un grand nombre de phénomènes affectifs et de spécifier leurs relations avec les émotions. Nous avons pour cela besoin de deux distinctions : d'une part, les dispositions peuvent être « à une seule sortie » (*single-track*) émotionnelle ou « à plusieurs sorties » (*multi-track*) émotionnelles ; d'autre part, elles portent sur un seul objet ou sur un nombre d'objets relativement indéterminé. La lecture dispositionnelle de « Léonard est en colère contre Nina » fait référence à une disposition à une seule sortie émotionnelle (la colère) dirigée vers un seul objet (Nina). Le langage ordinaire ne désigne pas ces dispositions par un terme particulier.

Si Léonard est colérique, en revanche, il s'agit encore une fois d'une disposition – cette fois-ci relativement stable – à une seule sortie (la colère), mais dont la portée est totalement ouverte. Notez que si Léonard ne se met en colère que contre Nina, nous ne disons pas qu'il est pour cette seule raison colérique. Le langage ordinaire parle ici de *tempéraments* (être colérique, jaloux, envieux, jovial, etc.). Un homme de tempérament colérique se met en colère dans de nombreuses circonstances qui ne déclencheraient pas la colère chez d'autres. Les émotions ainsi déclenchées sont souvent inappropriées dans le premier sens distingué plus haut.

Considérons maintenant les dispositions à plusieurs sorties. Certaines portent sur un objet spécifique. C'est le cas, nous semble-t-il, de l'amour et de la haine. Si Juliette aime Roméo, elle n'est pas simplement disposée à ressentir un certain type d'émotion (le vertige amoureux?, l'admiration béate?) envers lui, mais aussi du chagrin si les choses tournent mal, de la fierté à ses accomplissements, de la jalousie à la vue d'une rivale, etc. La même structure se retrouve dans la haine : haïr quelqu'un ne consiste pas dans la disposition à ressentir un type d'émotion, mais, entre autres choses, à se réjouir de ses malheurs et à s'indigner de l'aide qu'il reçoit d'autrui. Ces phénomènes paraissent correspondre au troisième sens du terme « *sentiment* » discuté plus haut.

D'autres dispositions à plusieurs sorties ne sont pas limitées à un seul objet. Être bienveillant, être passionné, être « stoïque », être doux sont des exemples pertinents. De telles dispositions impliquent en effet des tendances à ressentir des familles d'émotions (le bienveillant tend à ressentir plus que la normale la pitié, la joie, la gratitude, l'affection, etc.) ou toutes les émotions sous une certaine forme (l'homme doux tend à ressentir des formes atténuées de la plupart des émotions). Ces dispositions, le langage ordinaire les classe dans la catégorie des *traits de caractère*. Notons au passage d'une part que les émotions ne sont que l'une des manifestations des traits de caractère qui se manifestent également par des actions et des manières de penser typiques, d'autre part que les *vertus* et les *vices* constituent un important sous-ensemble des traits de caractère, ceux qui ont, de près ou de loin, à voir avec notre vie morale.

Il convient maintenant de différencier ces types de dispositions affectives des émotions brièvement caractérisées plus haut à l'aide de trois traits saillants. Premièrement, à l'inverse des émotions, les dispositions affectives ne sont pas toujours dirigées vers des objets particuliers. En outre, la durée et le caractère ressenti distinguent les émotions de toutes les dispositions affectives. Ces dernières ne sont en effet pas ressenties indépendamment de leurs manifestations émotionnelles (si Léonard est en colère contre Nina, il l'est également lorsque son esprit est entièrement occupé à autre chose) et sont comprises comme des propriétés des individus qui durent plus ou moins longtemps (la colère de Léonard peut durer deux semaines ou une vie) mais dépassent en principe la durée d'une émotion.

Humeurs

L'application de ces quelques distinctions aux dispositions émotionnelles nous a déjà permis de couvrir une bonne partie du champ des phénomènes affectifs. Considérons maintenant les humeurs. Celles-ci « ont lieu », à l'instar des émotions et au contraire des dispositions, mais se distinguent des émotions par leur durée, en principe plus longue. Tout comme les émotions, et à nouveau contrairement aux dispositions affectives, les humeurs sont ressenties, même si leur intensité est peut-être moins marquée que celle des émotions. Il est juste de souligner que les humeurs causent souvent des émotions (l'inverse est également vrai) de la même tonalité affective (l'homme de mauvaise humeur tend par exemple à ressentir surtout des émotions négatives), ou encore qu'elles se cristallisent régulièrement en épisodes émotionnels (la nervosité se transforme ainsi en colère à propos de tel ou tel objet). À l'inverse des émotions, cependant, les humeurs ne portent pas sur des objets spécifiques. Être de mauvaise humeur n'est pas être dirigé vers quelque chose ou quelqu'un en particulier. La métaphore courante veut que nos humeurs colorent nos attitudes en général.

Sensations

Nous avons noté plus haut qu'il n'est pas rare de voir les sensations classées à l'intérieur du domaine affectif. Bien que ce choix taxinomique nous paraisse loin d'aller de soi – après tout, la thèse selon laquelle les sensations ne sont pas des phénomènes intentionnels est très répandue –, il peut être motivé par l'idée que les phénomènes affectifs ne sont rien d'autre que des configurations de sensations particulières. Ainsi, la colère ne serait rien d'autre qu'une configuration de sensations causées entre autres par les éléments suivants : accélération du rythme cardiaque et respiratoire, montée de la pression sanguine, poussée d'adrénaline. Cette description laisse déjà entrevoir que l'on range sous le concept de sensation des phénomènes aussi divers que ceux en jeu dans la perception (sensation de rougeur), dans la proprioception (sensation de mon bras levé), les sensations kinesthésiques (sensations de contraction stomacale), ainsi que les qualités hédoniques (sensation de plaisir et de douleur). Il ne fait aucun doute que certaines de ces sensations, en particulier les qualités hédoniques, jouent un rôle important au sein du domaine affectif, mais il faut toutefois souligner que nombre d'entre elles entrent également en jeu dans d'autres phénomènes mentaux qui n'ont rien d'affectif. Nous n'allons pas spécifier ici les différences et les liens entre ces types de sensations et les phénomènes affectifs dans la mesure où nous aurons l'occasion d'examiner en détail dans la suite de cette introduction des théories qui cherchent à définir de cette manière les émotions.

Désirs

Il convient enfin d'examiner les désirs, dernier type de phénomène souvent considéré comme faisant partie du domaine affectif. Comment différencier, s'il y a lieu, désirs et émotions ? Nous avons noté plus haut que le terme classique de « passions » regroupait ces deux types de phénomènes affectifs. Est-ce à dire que les émotions se distinguent difficilement des désirs ? Non. Il semble au contraire que certains traits saillants permettent d'opérer cette distinction. D'abord, le désir n'est pas toujours ressenti, seuls les désirs violents ou urgents le sont. En outre, il n'est pas clair que les désirs soient, comme les émotions, des occurrences et donc qu'ils aient lieu à un certain moment. Ensuite, les désirs sont, nous l'avons déjà noté, toujours propositionnels, alors que les émotions peuvent prendre des compléments nominaux. En effet, il y a de bonnes raisons de penser que, lorsque nous disons des choses comme « Firmin désire un repas gastronomique » ou « Maria désire Paul », ces constructions nominales sont des ellipses pour des constructions propositionnelles. Ainsi, il est toujours possible d'ajouter à une construction nominale attribuant un désir une modification temporelle, comme lorsque nous disons « Firmin désire un repas gastronomique *avant la fin de la semaine* ». Or, les modifications temporelles ne peuvent pas porter sur le désir : Firmin désire *maintenant* un certain état de choses, c'est-à-dire qu'il jouisse d'un repas gastronomique d'ici dimanche[1]. Enfin, si les émotions peuvent être indifféremment dirigées vers le passé, le présent et le futur, cela ne semble pas être le cas des désirs qui sont en lien interne avec la possibilité d'agir et donc essentiellement dirigés vers le futur. C'est pourquoi on parle dans le cas du passé non de désirs, mais de souhaits. Nous constatons donc que deux des traits saillants des émotions (phénoménologie et caractère occurrent) permettent de les distinguer des désirs. Deux autres contrastes entre ces phénomènes peuvent être soulignés au moyen d'éléments déjà mis en avant : le premier concerne la nature essentiellement propositionnelle des désirs qui n'est pas partagée par les émotions, le second leur rapport divergent au temps.

Cependant, cette série de contrastes peut paraître superficielle. Après tout, rien de ce qui a été dit ne permet de distinguer fondamentalement les désirs ressentis des émotions telles que l'espoir, ni les souhaits ressentis des émotions dirigées vers le passé. Est-ce à dire que rien ne les distingue ? La différence entre phénomènes conatifs et émotions est souvent située à un niveau plus fondamental. Les phénomènes conatifs possèdent en effet une direction d'ajustement monde-esprit. C'est pour cela que l'on dit d'un désir qu'il est satisfait lorsque le monde en vient à être tel qu'il est représenté par le désir. Ou peut-être, de manière plus forte, lorsque le désir de l'agent cause une action réalisant cet ajustement[2]. Si Firmin désire inviter Marie à la fête, son désir est satisfait lorsqu'il

1. Nous devons cet argument à K. Mulligan.

2. Pour cette version forte, et plus généralement pour la notion de direction d'ajustement, voir J.R. Searle, *L'intentionnalité*, trad. fr. C. Pichevin, Paris, Minuit, 1983.

poste son invitation. Ce trait ne semble pas partagé par les autres phénomènes affectifs, en particulier par les émotions. Il ne fait en effet à première vue pas sens de dire d'un épisode de peur ou de tristesse qu'il est satisfait dans ce sens. S'il l'est, c'est dans la direction inverse, esprit-monde, c'est-à-dire que le monde satisfait la manière dont l'émotion le représente, tout comme une croyance est satisfaite si le monde correspond à la manière dont elle le représente. C'est pourquoi on dit d'une émotion qu'elle est appropriée ou inappropriée, alors que nous ne le faisons pas dans le cas du désir de Firmin concernant la présence de Marie à la fête. Nous aurons l'occasion toutefois de voir que cette différence *prima facie* concernant les directions d'ajustement n'a pas empêché de nombreux philosophes de défendre l'idée que les émotions sont assimilables aux désirs ou qu'elles contiennent comme partie essentielle un certain désir. Nous reviendrons alors sur la question des directions d'ajustement de ces états mentaux ainsi que sur la manière dont il convient de concevoir les rapports entre émotions et motivation.

DIVERSITÉ ET UNITÉ DES ÉMOTIONS

Nous venons de constater la diversité des phénomènes constituant le champ de l'affectivité. Il convient maintenant de nous tourner vers la seconde question qui nous occupe. Existe-t-il des différences importantes à l'intérieur des phénomènes que nous appelons émotions et, si tel est le cas, cela remet-il en cause l'unité de cette catégorie ? Au sein du domaine plus restreint des émotions, certaines distinctions importantes doivent en effet être examinées [1].

Émotions positives et négatives

Notons d'abord que les émotions se laissent aisément distinguer selon qu'elles sont positives ou négatives. Intuitivement, tristesse, peur, colère, honte et haine sont à compter au nombre des émotions négatives, joie, admiration, fierté et amusement au nombre des émotions positives. On parle dans ce contexte de la polarité ou de la valence des émotions. Une suggestion évidente consiste à affirmer que les types d'émotions sont positifs ou négatifs en vertu de « l'effet que cela fait » de les éprouver. L'idée est ici que les types d'émotions sont entre autres choses et essentiellement des types de plaisir ou de douleur, plaisir et douleur étant compris comme des donnés phénoménologiques irréductibles. On parle alors de la valeur hédonique positive ou négative d'une émotion. Ceci est parfaitement compatible avec l'idée que certains types d'émotions sont hédoniquement mixtes (nostalgie, *Schadenfreude*). Une thèse forte consisterait alors à affirmer que les *types* d'émotions possèdent essentiellement une certaine polarité. Cette thèse rencontre toutefois un problème posé par la surprise : en effet, il y a des surprises positives, d'autres négatives. Une thèse plus modeste selon laquelle tout épisode émotionnel, en tant qu'*occurrence*, possède essentiellement

---

1. Nous ne passerons naturellement pas en revue toutes les distinctions importantes au sein des émotions. Parmi elles, on peut citer celles entre émotions réflexives et non réflexives, entre émotions de premier ordre et de second ordre, ainsi que celle entre émotions morales et émotions non morales. Cette dernière distinction fait l'objet du second commentaire, *infra*, p. 111-126.

une certaine qualité hédonique, c'est-à-dire est soit positif, soit négatif, soit mixte, est-elle plus plausible ? À nouveau, la surprise constitue une exception : certaines de ses occurrences sont hédoniquement neutres. Or, la neutralité hédonique n'est pas l'exemplification d'une propriété hédonique neutre, mais l'absence d'exemplification d'une quelconque propriété hédonique.

Quelle que soit la manière dont il convient de réagir au problème posé par la surprise, soit en admettant l'existence d'une exception à ces thèses, soit en refusant pour ces raisons de considérer la surprise comme une émotion, la théorie hédonique de la polarité rencontre une objection potentiellement beaucoup plus sérieuse : certaines émotions sont inconscientes. Si cela est vrai, alors l'explication de la polarité en termes de qualités hédoniques ne saurait à première vue être défendue pour la simple raison qu'il ne fait pas sens de parler de qualités hédoniques dont nous ne serions pas conscients. Quelles sont alors les théories alternatives de la polarité que l'on peut défendre à la lumière de cette objection ? Les trois suivantes font partie des principales. On peut tenter d'expliquer la polarité en termes a) de tendances motivationnelles (attraction *vs* répulsion), b) de désirs portant sur l'état mental dans lequel on se trouve (« plus de cela » *vs* « moins de cela »), ou c) de frustration ou satisfaction de désirs (congruence *vs* incongruence avec les buts du sujet)[1]. Il nous paraît que ces

1. Pour ces théories alternatives, voir respectivement a) P.D. McLean, « Cerebral Evolution of Emotion », dans M. Lewis et J.M. Haviland (dir.), *Handbook of Emotions*, New York, Guilford Press, 1993, p. 67-83 ; b) J.J. Prinz, *Gut Reaction : A Perceptual Theory of Emotions*, New York, Oxford UP, 2004, p. 173-174 ; c) R.S. Lazarus, *Emotion and Adaptation*, New York, Oxford UP, 1991.

théories alternatives de la polarité sont au moins aussi problématiques que celle que nous venons de présenter ; elles offrent le désavantage supplémentaire de négliger le lien que fait le sens commun entre types d'émotions et propriétés hédoniques. Examinons donc si les phénomènes que recouvre la description « émotions inconscientes » justifient le rejet de la première théorie et l'adoption d'une de ces théories alternatives.

Émotions conscientes et inconscientes

Cette distinction entre émotions conscientes et inconscientes est importante et souvent débattue dans la littérature. Pourquoi penser qu'il existe des émotions inconscientes alors qu'il paraît essentiel qu'une émotion soit ressentie ? On peut distinguer trois grands types de considérations en faveur de cette affirmation. Tout d'abord, Freud nous a habitués à penser que nombre de nos comportements dérivent de motivations inconscientes dont beaucoup sont d'ordre affectif. C'est par exemple la culpabilité refoulée et donc inconsciente de Charles par rapport à la mort prématurée de sa première fille qui explique sa tendance à materner ses autres enfants à l'excès. Il en va de même pour la haine qu'il porte à sa mère et qu'il découvre après des années de psychanalyse. Deuxièmement, il semble que certaines émotions, comme certaines douleurs, ne soient pas ressenties. Je me blesse mais ne ressens la douleur qu'arrivé à la fin de la course. De manière similaire, je prends conscience de ma colère lorsque Benoît me fait remarquer que je me comporte odieusement depuis quelques minutes. Troisièmement, ayant établi une corrélation entre l'activation de certains centres nerveux et le fait que des sujets affirment ressentir une certaine émotion, les psychologues concluent parfois à l'existence d'une émotion inconsciente sur la base de la présence d'une activation similaire dans les cas où le sujet ne rapporte pas l'expérience d'une telle émotion.

Si ces considérations pointent vers des phénomènes réels et importants, elles ne nous paraissent pas mettre en doute l'idée que les émotions sont essentiellement ressenties. Il faut en effet noter que le terme « inconscient » recouvre plusieurs phénomènes distincts. Tout d'abord, peut être dit inconscient simplement ce vers quoi l'attention n'est pas présentement dirigée. Étant concentré(e) sur la lecture de ces lignes, vous n'êtes en ce sens pas conscient(e) de l'effet de vos vêtements sur votre corps. Ceci ne signifie pas que le fait de porter présentement ces vêtements ne vous fait aucun effet. Le deuxième type de considération pointe clairement vers ce type de phénomènes : j'étais en colère, il y avait un « effet que cela fait » pour moi d'être en colère, simplement mon attention portait sur autre chose[1]. Si Benoît ne me l'avait pas fait remarquer, je n'en aurai peut-être jamais pris conscience dans ce sens. On peut traiter de la même manière de nombreux cas où le sujet exemplifie une certaine activation neuronale sans rapporter l'expérience d'aucune émotion. Ensuite, peut également être dite inconsciente une émotion que le sujet n'a jamais appréhendée sous un certain concept. Lorsqu'on attribue à Charles une culpabilité inconsciente, comme dans l'exemple ci-dessus, on peut vouloir dire qu'il n'a jamais conçu certaines des émotions suscitées par la mort de sa fille comme de la culpabilité. Remarquez que la conceptualisation par le sujet de ses émotions peut être un processus plus ou moins long et difficile.

---

1. Pour un examen détaillé de ce phénomène, voir F. Drestke, « Perception without Awareness », dans T. Szabo Gendler et J. Hawthorne (dir.), *Perceptual Experience*, Oxford, Oxford UP, 2006, p. 147-180.

Toutes choses étant égales, il est par exemple plus difficile d'appliquer les concepts pertinents à des émotions ressenties il y a fort longtemps qu'à des émotions présentement ressenties et plus difficile pour certains types d'émotions que pour d'autres. C'est pourquoi ce genre de processus requiert parfois une longue procédure de rationalisation ou peut-être même une thérapie. Remarquons enfin que d'autres cas se laissent volontiers analyser en termes des dispositions affectives introduites plus haut. Ainsi, par exemple, la haine de Charles pour sa mère est intelligible à la lumière de l'existence d'une disposition à plusieurs entrées à propos d'elle : Charles est irrité en sa présence, fait systématiquement des remarques désobligeantes à son propos, ne peut la regarder dans les yeux, etc. Sa haine n'est pas dans ce cas une émotion inconsciente, car elle n'est tout simplement pas une émotion. Rien ici ne va à l'encontre de la thèse générale selon laquelle les émotions manifestant cette disposition sont ou ont été ressenties.

Mais ne pourrait-on pas insister sur le fait que les émotions peuvent être inconscientes dans un sens plus fort? Seraient dites inconscientes des émotions qui n'ont jamais été ressenties par le sujet. Si cela est correct, cela revient à dire que Charles se sent coupable de la mort de sa fille sans pour autant avoir jamais ressenti le poids d'une faute à ce propos. Cette interprétation constitue une réelle menace pour l'idée selon laquelle les émotions sont essentiellement ressenties. Cependant, tous les phénomènes mentionnés plus haut sont parfaitement intelligibles en faisant l'économie d'une hypothèse aussi lourde qui a de surcroît l'inconvénient de contrevenir à l'intuition du sens commun selon laquelle les émotions sont essentiellement ressenties. En conclusion, nous pouvons dire qu'il n'y a aucun problème à affirmer qu'il existe des émotions inconscientes dans plusieurs acceptions de ce terme tout en reconnaissant la nature essentiellement ressentie des émotions.

Émotions de base et dérivées

Les distinctions que nous nous sommes attachés à clarifier jusqu'ici partagent deux traits. Elles sont d'une part faites à l'intérieur du domaine des émotions sans remettre aucunement en cause l'unité de cette catégorie, elles n'affirment d'autre part pas l'existence d'un ordre de priorité quelconque à l'intérieur de ce domaine. Tel n'est pas le cas de la dernière distinction qu'il nous reste à aborder et qui joue un rôle fondamental dans la littérature contemporaine : la distinction entre émotions de base et émotions dérivées. L'idée consiste en quelque sorte à appliquer au domaine des émotions la stratégie qui a rencontré un tel succès en chimie : il existe des éléments fondamentaux et des éléments complexes composés d'assemblages de ces éléments fondamentaux. Pourquoi appliquer une telle distinction au domaine des émotions ? Intuitivement, certaines émotions paraissent plus sophistiquées que d'autres. Par exemple, la nostalgie semble plus complexe que le regret, et le regret plus complexe que la peur. Cette intuition s'exprime par exemple dans le fait que nous n'avons pas de difficulté à attribuer certaines émotions aux animaux (peur, joie, etc.), mais que nous sommes beaucoup plus réticents à leur en attribuer d'autres (regret, espoir, etc.). Y a-t-il quelque chose de sérieux derrière cette intuition ?

L'idée qu'il convient de distinguer des éléments de base et des éléments dérivés à l'intérieur du domaine des émotions n'est naturellement pas nouvelle. Les Stoïciens reconnaissaient ainsi quatre émotions de base : le plaisir, le déplaisir, l'appétit et la peur. Pour Hobbes, celles-ci sont au nombre de sept : appétit, désir, amour, aversion, haine, joie et chagrin, alors que Descartes suggère une liste un peu différente : admiration-surprise, amour, haine, désir, joie et tristesse. L'idée qu'il est possible de définir toutes les émotions à partir de quelques émotions de base est donc très répandue, bien que les candidats à ce titre varient considérablement d'une théorie à l'autre. Mais nombre des équivalences suggérées par ces auteurs sont loin d'être évidentes. Doit-on par exemple admettre, avec Hobbes, que la peur n'est rien d'autre que de l'aversion pour un objet qui, je le pense, va m'affecter ?

Quelles que soient les difficultés propres à ces analyses classiques, l'idée qu'il existe une distinction fondamentale entre émotions de base et émotions dérivées revêt toujours une grande importance dans les discussions récentes, principalement à travers l'influence de Darwin. Le psychologue Paul Ekman a ici joué un rôle majeur [1]. Sa manière de comprendre la distinction revient à parler d'émotions de base lorsqu'elles sont universellement partagées. Dans le paradigme ekmanien, l'universalité est mesurée à l'aune de la reconnaissance des expressions faciales à travers les différentes cultures, une méthode inaugurée par Darwin [2]. D'autres chercheurs ont lié le caractère universel des émotions de base à leurs fonctions adaptatives [3], ou à l'existence de circuits neuronaux spécifiques qui les sous-tendent [4]. Ces critères sont non seulement

1. Pour une version récente de ses vues, voir P. Ekman, *Emotions Revealed : Recognizing Faces and Feelings to Improve Communication and Emotional Life*, New York, Times Books, 2003.

2. C. Darwin, *L'expression des émotions chez l'homme et les animaux*, trad. fr. D. Férault, Paris, Rivages Poche, 2001.

3. R. Plutchik, *Emotion : A Psychoevolutionary Synthesis*, New York, Harper and Row, 1980.

4. J. Panksepp, *Affective Neuroscience : The Foundations of Human and Animal Emotions*, New York, Oxford UP, 1998.

compatibles, mais selon l'hypothèse en question doivent converger. On parle ainsi aujourd'hui d'émotions de base ou de «programmes affectifs» (*affect-programs*) lorsque les émotions sont systématiquement accompagnées des changements suivants :

a) changements faciaux expressifs de l'émotion ;

b) changements musculaires (orientation, posture) ;

c) changements vocaux expressifs ;

d) changements du système hormonal ;

e) changements dans le système nerveux.

Associée à la satisfaction de ces critères, on trouve l'idée que les systèmes responsables de ces changements sont en grande partie *modulaires* au sens de Fodor[1], c'est-à-dire, et entre autres choses, qu'ils sont automatiques (le sujet n'a pas d'emprise directe sur eux), spécifiques à un domaine restreint de stimuli, cognitivement impénétrables et rapides.

Notez un point important : le critère de démarcation entre émotions de base et émotions dérivées utilisé en psychologie contemporaine est différent de celui déployé par les tentatives philosophiques classiques. En effet, pour les philosophes classiques, est de base une émotion qui n'a pas d'autre émotion comme partie (au sens psychologique), alors que pour les chercheurs contemporains une émotion est de base si elle est innée (au sens biologique). Ceci n'interdit naturellement pas de penser que ces deux critères doivent être combinés, et les défenseurs contemporains de cette distinction sont enclins à les traiter comme coextensifs. De façon surprenante toutefois, les listes d'émotions de base générées par l'application de

---

1. J. Fodor, *La modularité de l'esprit*, trad. fr. A. Gerschenfeld, Paris, Minuit, 1986, et L. Faucher et C. Tappolet (dir.), *The Modularity of Emotions*, à paraître.

la notion de programme affectif sont loin de s'accorder entre elles.

La première liste, minimaliste, proposée par Ekman, comprenait six émotions : la surprise, la peur, la colère, le dégoût, la tristesse et la joie. La version maximaliste la plus récente en comprend une quinzaine, parmi lesquelles on trouve des émotions à première vue bien plus sophistiquées, telles la honte et la culpabilité[1]. Au-delà du fait que les recherches dans de nombreux domaines pertinents n'en sont qu'à leurs balbutiements, ceci s'explique en partie par le fait que les différents critères mis en avant par les psychologues (expressions faciales, circuits neuronaux dédiés et fonctions adaptatives) ne paraissent pas toujours converger[2].

Émotions : unité ou diversité ?

Dans l'hypothèse où une telle convergence existerait, la distinction entre émotions de base et émotions dérivées nécessite encore que l'on examine deux questions importantes. La première nous concerne directement. Le terme « émotion », qui regroupe ces deux types d'émotions, répond-il à une catégorie d'états mentaux unifiée ou disparate ? La deuxième question est étroitement liée à la première. Comment comprendre les liens entre ces deux types d'émotions ?

Des considérations d'ordre linguistique doivent nous faire hésiter à répondre positivement à la première question. Le mot « émotion » n'est pas universellement traduisible, loin s'en

---

1. P. Ekman, « Basic Emotions », dans T. Dalgleish et T. Power (dir.), *The Handbook of Cognition and Emotion*, New York, Wiley, 1999, p. 45-60.

2. Ceci est mis en lumière par R. Roberts, *Emotions : An Essay in Aid of Moral Psychology*, Cambridge, Cambridge UP, 2003, p. 14-36.

faut, il est même relativement récent[1]. On parlait souvent, auparavant, de « passions », terme qui regroupe certes ce que nous appelons émotions, mais aussi, comme on l'a vu, le plaisir, la douleur et le désir. Il est également difficile de trouver des termes exactement équivalents à « émotion » dans de nombreuses langues contemporaines. Par ailleurs, il semble que cette catégorie soit dans une certaine mesure plus problématique que d'autres catégories d'états mentaux, comme les croyances, les perceptions, les souvenirs, etc. En effet, nous n'avons pas de sous-catégories de croyances ou de perceptions, et nous spécifions ces états mentaux à l'aide de leurs objets particuliers (une proposition dans le cas de la croyance). Au contraire, nous avons de très nombreuses sous-catégories d'émotions que nous ne spécifions pas, ou pas uniquement, à l'aide de leurs objets particuliers. Par exemple, Théophile peut espérer, craindre, être horrifié que p. À la lumière de ces considérations, la conclusion qui peut s'imposer est que notre catégorie d'émotion est arbitraire.

Par ailleurs, la distinction entre émotions de base et dérivées a récemment été déployée en vue de nier l'unité de la catégorie d'émotions. Pour quelle raison ? Nous avons précédemment constaté que les émotions de base pouvaient être assimilées à des programmes affectifs. Or, un programme affectif a tout l'air d'une *espèce naturelle*, en particulier parce que les phénomènes qu'il regroupe ne partagent pas uniquement des propriétés de surface. Si tel est le cas, il suffit d'attendre que la science nous divulgue le nombre et la nature

---

1. T. Dixon fait remonter le premier usage systématique du terme *emotion* à D. Hume. *Cf.* T. Dixon, *From Passions to Emotions*, Cambridge, Cambridge UP, 2003.

de ces programmes affectifs. Cependant, dans la mesure où il n'est pas aisé d'élucider tous les phénomènes que nous désignons par « émotion » en terme de programmes affectifs et de leurs propriétés, on peut être tenté de penser que la catégorie en question regroupe des phénomènes très disparates[1]. C'est précisément la stratégie poursuivie par Paul Griffiths qui, dans un livre très influent, expose l'absence de pertinence scientifique du concept d'émotion[2]. À ses yeux, des phénomènes ne sont un objet unifié de savoir que lorsqu'ils constituent une espèce naturelle dans la mesure où seules celles-ci autorisent des « riches collections de généralisations ». De plus, selon lui, tombe sous une espèce naturelle un ensemble d'entités qui partagent des propriétés similaires en vertu des mécanismes causaux qui les sous-tendent[3]. Pour cette raison, les phénomènes qui, bien que dénotés par le terme « émotion », ne peuvent s'assimiler aux programmes affectifs sont à ranger dans de tout autres catégories psychologiques ; le concept d'émotion est donc à abandonner au profit d'une nouvelle cartographie du domaine concerné. C'est précisément le but que Griffiths se fixe : outre les programmes affectifs, notre concept d'émotion recouvre selon lui deux autres types de phénomènes psychologiques, qu'il appelle respectivement les « motivations irruptives » (Oscar se sent coupable de ne pas

1. De même, on nomme indifféremment « jade » la néphrite et la jadéite en vertu de leurs propriétés de surface, à savoir leurs apparences perceptives similaires, alors qu'il s'agit de deux espèces naturelles minérales distinctes qui instancient deux structures moléculaires différentes.

2. P.E. Griffiths, *What Emotions Really Are*, Chicago, University of Chicago Press, 1997.

3. Pour cette formulation influente du réalisme scientifique, voir R. Boyd, « What Realism Implies and What It Does Not », *Dialectica*, 43, 1989, p. 5-29.

avoir assisté à la défense de thèse de Luc) et les « actions feintes » (l'air outré de Marie à la blague grivoise de Luc)[1]. La catégorie des « motivations irruptives » regroupe des phénomènes cognitivement plus sophistiqués que les programmes affectifs. Bien qu'ils partagent certains traits avec ces derniers, ils s'en distinguent en cela qu'ils requièrent de la part du sujet la maîtrise et le déploiement de concepts complexes, qu'ils ne répondent pas directement à des défis posés par l'environnement immédiat du sujet et qu'ils ne sont pas aussi clairement accompagnés des changements caractéristiques des programmes affectifs. Les « actions feintes » appartiennent à une catégorie plus problématique : elle regroupe les cas où, pour des raisons communicatives, nous affichons les signes extérieurs d'une émotion sans la ressentir. Doit-on cependant conclure, avec Griffiths, que la diversité des phénomènes dénotés par le concept d'émotion doit conduire au rejet de la catégorie ?

Non, un défenseur de la catégorie d'émotion peut opter pour l'une des deux stratégies suivantes. La première consiste à reconnaître que la conclusion de Griffiths est peut-être valide en ce qui concerne les intérêts d'une certaine science, mais à refuser de mesurer à l'aune de ces seuls intérêts la délimitation des catégories dignes d'investigation sérieuse. Après tout, correspondre aux catégories découvertes par certaines sciences n'est pas le seul but poursuivi par nos pratiques de catégorisation. Comprendre et expliquer les pensées, actions et sentiments d'autrui à la première personne peut en effet exiger l'introduction de catégories qui ne répondent pas aux critères scientifiques cités, sans pour autant être indignes d'étude[2].

---

1. Pour ces catégories, voir P. Griffiths, *op. cit.*, respectivement chap. 5-6.
2. *Cf.* P. Goldie, *The Emotions*, Oxford, Oxford UP, 2000, p. 103.

Même si elle nous paraît pertinente, cette réponse concède un peu trop de champ à Griffiths. En effet, les considérations offertes par ce dernier ne militent pas en faveur de la conclusion selon laquelle le concept d'émotion ne possède pas une certaine unité causale. C'est précisément ce que la seconde stratégie s'efforce de montrer.

Comme d'autres l'ont souligné[1], Griffiths a des difficultés à montrer que les catégories de programmes affectifs et de motivations irruptives sont fondamentalement disjointes. À supposer que les actions feintes n'aient rien à voir avec le concept ordinaire d'émotions – et nous avons toutes les raisons de le penser, le nœud du problème consiste à évaluer si le déploiement des capacités cognitives requises par les motivations irruptives justifie l'affirmation qu'elles n'ont rien à voir avec les programmes affectifs. Que doit-on dire des très nombreux cas où un programme affectif est déclenché par de tels états cognitifs, lorsque, par exemple, ma peur est déclenchée par la pensée que la bourse va chuter ? Doit-on dès lors en conclure que la peur en question n'a absolument rien à voir avec la peur d'un serpent, prototype d'un programme affectif ? À la lumière de ces questions, il convient à tout le moins d'envisager la possibilité d'articuler différemment les liens entre programmes affectifs et phénomènes affectifs dépendant de la cognition, entre émotions de base et émotions dérivées.

Liens entre émotions de base et dérivées

Considérons deux options pour articuler ces liens. Premièrement, on peut comprendre les émotions dérivées

---

1. Voir en particulier R. Roberts, *op. cit.*, section 1.4.

comme des mélanges d'émotions de base[1]. Par exemple, la nostalgie peut être considérée comme un mélange de joie et de tristesse. Cependant, il est malaisé de concevoir toutes les émotions dérivées sur un tel modèle. De quelles émotions de base seraient constitués, par exemple, le respect ou l'envie? De plus, même si ce modèle était viable, il n'explique pas pourquoi les animaux sont incapables de ressentir certaines émotions. Après tout, s'ils sont susceptibles de ressentir de la tristesse et de la joie, pourquoi ne sont-ils pas capables de ressentir de la nostalgie? Pourquoi les émotions ne se mélangeraient-elles pas chez eux? Au fondement de ces difficultés réside le fait que cette stratégie ne tient pas compte des états cognitifs complexes en jeu dans de nombreuses émotions.

La seconde option, plus répandue, consiste précisément à comprendre les émotions dérivées comme la résultante de l'interaction entre émotions de base et états cognitifs tels que croyances, suppositions, etc. La version la plus sophistiquée de cette idée parle de «calibration» des émotions de base par le truchement de ces divers états cognitifs[2]. Les programmes affectifs seraient automatiquement déclenchés par certaines classes de stimuli. Au cours du développement, ces mêmes programmes affectifs en viennent à être déclenchés par des états cognitifs. Certaines combinaisons d'états cognitifs et de programmes affectifs ainsi déclenchés sont suffisamment importantes pour recevoir un nom. Ainsi, par exemple, la colère déclenchée par la croyance que les affections de notre partenaire sont dirigées vers un autre est appelée jalousie, le

1. R. Plutchik, «The Nature of Emotions», *American Scientist*, 89, 2001, p. 344-350.

2. J.J. Prinz, *op. cit.*, p. 147-150.

dégoût ou la tristesse suscités par la croyance que nous avons failli d'une certaine manière sont respectivement appelés honte et culpabilité, la tristesse suscitée par un acte commis dans le passé et qui n'est pas réparable est appelée regret.

Dans le cadre de cette explication, une émotion dérivée n'est qu'une émotion de base causée par un jugement qui porte sur des situations suffisamment significatives pour avoir reçu un nom distinct. En somme, les émotions dérivées ne sont rien d'autre que des émotions de base causées par certains juge-ments sophistiqués, et leurs objets ne sont qu'un sous-ensemble des objets possibles des émotions de base. C'est ainsi, par exemple, que dans un monde où le destin de la bourse deviendrait encore plus central qu'il ne l'est aujourd'hui, une peur dirigée vers les aléas boursiers recevrait un nom spéci-fique et deviendrait par là une nouvelle sorte d'émotion, une émotion dérivée. Cette explication nous semble très promet-teuse, mais seulement dans certains cas. Il est en effet plausible d'affirmer que l'indignation est un type de colère causé par certains objets offensants, ceux de type moraux. De même, la *Schadenfreude* est une joie causée par un type d'objets plaisants, ceux qui ont à voir avec le malheur d'autrui.

Ceci étant dit, la viabilité de cette explication dépend de la possibilité, pour chaque émotion dérivée, de parvenir à une analyse plausible de cette forme. Or, si la distinction entre émotions de base et émotions dérivées est la même que celle entre programmes affectifs et motivations irruptives (à savoir entre émotions non cognitives et émotions cognitives), la stratégie est vouée à l'échec. Ne pouvant faire appel qu'à un nombre très restreint d'émotions de base, elle débouche en effet sur des analyses peu convaincantes – la jalousie et la honte ne sont-elles vraiment, comme suggéré plus haut, rien d'autre que, respectivement, des types de colère et de dégoût ?

Nous venons de constater que les deux options disponibles pour articuler les liens entre émotions de base et dérivées ne sont pas aisément généralisables à l'ensemble des phénomènes dénotés par le terme « émotion ». Est-ce à dire que la conclusion de Griffiths s'impose ? Seulement si l'on accepte que trois distinctions se recoupent : celle entre programmes affectifs et motivations irruptives, celle entre ce qui ne dépend pas du déploiement de capacités cognitives complexes et ce qui en dépend, et celle entre ce qui est sous-tendu par un certain type de mécanisme causal et ce qui ne l'est pas. Or, il n'y a aucune raison de penser que cela est le cas. Il n'est pas interdit, par exemple, de penser que des émotions dépendantes de certains jugements complexes sont sous-tendues par des mécanismes causaux similaires et partagent donc les propriétés fondamentales des programmes affectifs. Si la honte dépend, comme il est vraisemblable de le penser, de jugements évaluatifs complexes et qu'on en venait à découvrir qu'elle est sous-tendue par des mécanismes causaux spécifiques, il n'y aurait aucune raison, *pace* Griffiths, de ne pas la considérer comme un programme affectif. Si, pour ces raisons, le nombre des programmes affectifs, et donc des émotions de base, se trouve considérablement augmenté, alors la stratégie de la calibration n'aurait à être déployée que dans les cas où elle paraît satisfaisante. Si tel est le cas, les réserves précédemment exprimées à son encontre n'ont plus lieu d'être.

Il y a donc de bonnes raisons de penser que, si le domaine affectif regroupe des phénomènes disparates, en revanche tel n'est pas le cas de la catégorie « émotion ».

ÉMOTIONS ET COGNITION

Au cours de notre examen de la distinction entre émotions de base et dérivées, nous avons souligné le rôle important joué par la cognition dans la défense de l'unité de la catégorie d'émotion. Il convient maintenant de s'interroger plus généralement sur la nature des liens entre cognition et émotion.

Émotions et croyances

Comme déjà souligné, toute émotion, qu'elle soit de base ou dérivée, est déclenchée par certains événements ou objets. En outre, ces événements ou objets ne sont pas uniquement les causes de réponses émotionnelles, comme les rayons solaires sont les causes de brûlures cutanées : en principe, le sujet qui ressent une émotion appréhende, d'une manière ou d'une autre, la situation ou l'objet qui déclenche cette émotion. C'est pour cette raison qu'il fait toujours sens de demander à propos de quoi nous ressentons telle ou telle émotion. Si le chien effraye Jonas, ce dernier doit se représenter le chien d'une certaine manière. Dans le jargon philosophique contemporain, on dit pour cette raison que les émotions contiennent des phénomènes intentionnels d'un certain type. Si Jonas a peur du chien, cela impliquerait qu'il ait une certaine croyance ou fasse un certain jugement à propos de ce chien. Pour cette raison, il est essentiel de cerner les rapports entre émotions et croyances[1].

Prenons les deux exemples suivants. Jonas croit qu'il fait face à un chien aux dents acérées, prêt à bondir. Il a peur. Marie

---

1. Nous ne distinguons pas ici entre croyance et jugement, ce dernier est simplement conçu comme l'une des expressions de la croyance.

croit que son chat a eu un grave accident. Elle est triste. Sur la base de tels exemples, il peut paraître que l'appréhension de certains faits est nécessaire et suffisante à certaines émotions. La thèse en question revient à affirmer qu'une émotion n'est rien d'autre que la présence de croyances ou de jugements de ce type.

Cependant, il est aisé de constater qu'une telle équation est loin de faire l'affaire. Le point principal est que si Jonas est, par exemple, un éleveur de chiens, et Marie souhaite se débarrasser de son vieux félin incontinent, il n'y a aucune raison de penser que les croyances mentionnées plus haut soient à identifier aux émotions de peur et de tristesse, plutôt que par exemple à celles de dédain et de soulagement. Ceci révèle que l'analyse suggérée est trop naïve pour au moins deux raisons. Premièrement, comme nous venons de le constater, elle ne permet pas de rendre compte de la spécificité des émotions : le rapport entre ce genre de croyances et un quelconque type d'émotion est trop lâche pour l'individuer. Deuxièmement, une analyse satisfaisante des émotions doit être en mesure de rendre justice au fait que nous les citons constamment pour expliquer le comportement. Or, en tant que telles, les croyances mentionnées plus haut n'ont pas de lien immédiat avec le comportement.

Dans la littérature, on rencontre deux stratégies pour surmonter ces difficultés. La première introduit la notion de désir (théorie mixte), la seconde celle de valeur (théorie du jugement axiologique). Examinons-les tour à tour.

La théorie mixte

Nous avons souligné précédemment qu'il existe certaines différences importantes entre émotions et désirs. Si, dans le langage ordinaire, nous employons parfois le terme « désir » pour désigner certaines émotions (comme par exemple lorsque l'on dit que Jonas désire obtenir le prix pour indiquer qu'il l'espère), il n'est en revanche pas question d'identifier les émotions aux désirs. C'est la raison pour laquelle il n'existe aucune théorie qui les assimile complètement. En revanche, plusieurs théories accordent aux désirs une place de choix dans une analyse des émotions.

L'idée consiste à réagir aux problèmes susmentionnés de la manière suivante. Si les croyances de Jonas et de Marie ne permettent pas d'individuer leur peur et leur tristesse respectives, c'est que manque la spécification de l'état motivationnel dans lequel ils se trouvent. Pour que Jonas ait peur, il faut ajouter à sa croyance qu'il fait face à un chien aux dents acérées et prêt à bondir son désir de ne pas se faire attaquer. Pour que Marie soit triste, il faut ajouter à sa croyance le désir de profiter encore de la compagnie de son chat. Cette thèse revient à identifier les émotions à des complexes de croyances et de désirs.

On se souvient qu'une différence intuitive importante entre émotions et désirs consiste dans le fait que ces derniers possèdent la seule direction d'ajustement monde-esprit. Désirer revient à être dans un état dont la fonction est d'ajuster le monde à la manière dont on se le représente. Si une assimilation complète des émotions aux phénomènes conatifs ne constitue pas pour cette raison une option viable, la théorie mixte évite ce problème dans la mesure où les croyances auxquelles elle fait appel possèdent, elles, la direction d'ajustement inverse, correspondant à première vue à la manière dont nous évaluons les émotions. Notez en outre que cette thèse fait d'une pierre deux coups. Elle permet d'une part de rendre compte de la spécificité des différents types d'émotions : le contenu des croyances et des désirs est suffisamment fin pour correspondre à la manière dont nous distinguons intuitivement ces différents types. D'autre part, l'introduction de désirs dans l'analyse permet de respecter les liens étroits entre émotion et comportement. Étant donné leur désir et leur croyance, Jonas grimpera par exemple sur l'arbre le plus proche, tandis que Marie conduira son chat chez le vétérinaire. Il s'agit là de l'application au cas particulier des émotions du schéma général consistant à comprendre toute action comme la résultante d'une combinaison d'états cognitifs et conatifs. Par exemple, telle colère d'Edgar à l'égard d'Alice ne serait rien d'autre que sa croyance qu'elle l'a insulté et son désir de se venger.

Naturellement, pour analyser toutes les émotions, une théorie mixte doit faire appel à des combinaisons relativement complexes de croyances et de désirs. Ainsi, espérer que p consisterait en l'absence de croyance que p, l'absence de croyance que non-p, la croyance qu'il est possible que p, et le désir que p[1]. Soulignons enfin deux vertus potentielles de cette théorie. Elle a pour conséquence que les émotions ne sont pas une catégorie *sui generis* d'états mentaux, puisqu'en effet elles se réduisent à des combinaisons spécifiques d'autres types d'états mentaux. Étudier les émotions revient ainsi à étudier les catégories familières que sont les désirs et les croyances. La théorie s'inscrit en outre de manière harmonieuse à l'intérieur d'un vaste schéma d'explication psychologique qui a fait ses preuves dans de nombreux domaines de la philosophie : la *belief-desire psychology*.

---

1. Pour la version la plus sophistiquée de la théorie mixte, voir O.H. Green, *The Emotions*, Dordrecht, Kluwer, 1992.

Cependant, les quelques remarques précédentes sur les désirs sont suffisantes pour remettre en question le bien-fondé de cette théorie. En particulier, nous avons souligné que les désirs sont toujours de nature propositionnelle et qu'ils sont tous dirigés vers le futur, contrairement aux émotions qui ne sont pas toujours de nature propositionnelle et qui portent indifféremment sur le passé, le présent ou le futur. Mépriser une personne, par exemple, semble porter sur un objet et non sur un état de choses, le regret de Marie porte quant à lui sur le passé.

Est-ce à dire que ces deux difficultés doivent nous faire renoncer aux multiples avantages liés à la théorie mixte ? Non. En effet, rien ne nous empêche à première vue d'élargir la classe d'états conatifs auxquels la théorie peut faire appel. Ainsi, pour pallier la première difficulté, on a souvent recours à des états motivationnels de bas niveau, comme les pulsions ou peut-être les appétits et aversions. Les appétits, comme l'envie ressentie pour un steak ou une cigarette, sont en effet malaisément rangés parmi les états propositionnels et portent plutôt vers des objets ou des classes d'objets. Pour pallier la seconde difficulté, il est coutume de faire mention des souhaits. Ces derniers, contrairement aux désirs, peuvent porter sur le passé et ne sont pas directement liés à la possibilité d'agir.

Ainsi enrichie, l'analyse offerte par la théorie mixte peut maintenant s'appliquer à des émotions rétives au traitement conatif dans sa version initiale. Par exemple, le regret peut désormais se comprendre comme la croyance qu'un événement a eu lieu et le souhait qu'il ne se soit pas produit. Notez que la stratégie en question améliore également le traitement présenté plus haut de la tristesse de Marie. On ne fait plus appel au désir d'emmener son chat chez le vétérinaire, désir qui semble en effet motivé par l'émotion plutôt que partie de celle-ci, mais au souhait que l'accident ne se soit pas produit, qui semble lié de manière constitutive à l'émotion de tristesse. L'extension du domaine des états motivationnels aux pulsions et appétits permet en outre de rendre compte de certains phénomènes primitifs sans recruter des états propositionnels. Certains cas de peur ou de dégoût, par exemple, auront pour composante des formes d'aversion pour, respectivement, les dommages corporels et la putréfaction.

Pour séduisante qu'elle soit, nous ne pensons cependant pas que la théorie mixte ainsi développée puisse relever l'ensemble des défis lancés par les rôles que doit jouer l'affect au sein d'une théorie de l'esprit. Un premier problème de taille est que la théorie n'est toujours pas suffisamment générale pour couvrir l'ensemble des phénomènes émotionnels. Les émotions esthétiques, mais aussi des émotions simples comme la surprise ou l'admiration, ne paraissent en effet pas exiger la présence d'un quelconque état motivationnel si l'on comprend ces derniers de la manière suggérée par la théorie. Si Jonas pose par exemple son regard pour la première fois sur un tableau et ressent une fascination esthétique pour celui-ci, ou admire son professeur à l'occasion d'un cours inaugural, doit-on pour cette seule raison lui attribuer un certain désir, souhait, ou pulsion dirigé vers ces objets qui, pour les besoins de la cause, seraient considérés comme constitutifs de sa fascination et de son admiration ? Le désir, le souhait ou la pulsion de voir le tableau en question ou de continuer à le contempler, ou, respectivement, à prêter attention au cours de ce professeur ou à continuer de s'y rendre, ne semblent pas des composants constitutifs de ces émotions. Les concevoir comme tels, c'est en effet se refuser à considérer la possibilité que l'émotion soit précisément à la source de ces états motivationnels, plutôt que constituée de ceux-ci. Examinons ce problème de plus près.

Notez que la théorie mixte peut faire appel à divers types de désirs dans son analyse des émotions. Soit les désirs pertinents possèdent un contenu « ouvert » (*i.e.* le désir de voir des œuvres d'art pour l'admiration, de préserver son intégrité physique pour la peur), soit ils possèdent un contenu « restreint » (*i.e.* le désir de voir un Van Gogh, de ne pas être mordu par un chien). Faire appel à des désirs possédant un contenu restreint est problématique pour un grand nombre d'émotions. Par exemple, désirer voir un Van Gogh n'est clairement pas une condition pour admirer un tableau de ce maître et, par ailleurs, ne saurait naturellement être une condition générale pour ressentir de l'admiration. La même chose est vraie du désir de ne pas se faire mordre par un chien en rapport avec la peur.

Le défenseur de la théorie mixte peut en revanche faire appel à des désirs à contenu ouvert, ce qui paraît plus vraisemblable dans la mesure où il est aisé d'associer de tels désirs à chaque type d'émotion. Par exemple, la peur est en lien étroit avec le désir de préserver son intégrité physique, la tristesse avec le désir de ne pas perdre ce qui nous est cher, l'admiration avec le désir de voir des objets esthétiques. Que de tels désirs soient très répandus ne fait aucun doute. Et, naturellement, de nombreuses situations particulières sont perçues par le sujet comme potentiellement à même de satisfaire (ou de frustrer) ces désirs. Cette dernière remarque, pourtant, exige une explication. Comment, par exemple, les désirs restreints (*i.e.* désirer fuir ce chien) résultent-ils de l'interaction entre croyances et désirs ouverts (*i.e.* désirer préserver son intégrité physique) ? Plus généralement, comment les situations particulières dans lesquelles il se trouve sont-elles perçues par le sujet comme pertinentes pour ses désirs ouverts ? De manière surprenante, la théorie mixte reste silencieuse sur ce point précis.

Or, une telle explication est requise dans la mesure où nous considérons les désirs particuliers comme étant motivés par les émotions; nous disons par exemple que Jonas désire fuir ce chien *parce qu'*il a peur. Pour préserver ce lien explicatif, et donc pour nous permettre de comprendre pourquoi Jonas fuit à la vue de ce chien, il faut que la théorie nous explique comment Jonas lie, d'une manière ou d'une autre, sa croyance qu'il y a un chien qui s'approche à son désir ouvert de préserver son intégrité physique. Mais peut-on rendre compte de ce lien dans le cadre d'une théorie mixte? Notez que les possibilités sont limitées, puisque cette théorie réduit les émotions à des combinaisons de désirs et de croyances. La simple croyance qu'un chien avec telles caractéristiques s'approche ne peut, comme nous l'avons souligné plus haut, expliquer la peur de Jonas. À ce stade, une possibilité consiste à faire appel à un type de croyance spécifique, comme par exemple la croyance que le chien est *dangereux*. Dans la mesure où l'attitude et l'apparence du chien sont saisies comme dangereuses, nous comprenons pourquoi Jonas désire fuir. Cependant, dans ce cas, la théorie n'est plus une théorie mixte : en faisant appel à un jugement dans lequel figure un terme évaluatif (danger), on défend une tout autre théorie des émotions, *i.e.* une variante de la théorie du jugement axiologique que nous allons discuter plus bas. Si cette option n'est pas disponible dans le cadre de la théorie mixte, et puisqu'elle réduit en outre les émotions à des combinaisons de croyances et de désirs, l'explication ne peut donc procéder qu'en termes d'autres désirs. Il ne peut s'agir d'un désir plus restreint, car nous avons vu précédemment qu'il était peu vraisemblable de postuler l'existence de tels désirs pour tout type d'émotion. Donc, la théorie mixte se trouve dans l'incapacité de rendre compte du rôle explicatif joué par les émotions par rapport à certains désirs [1].

En outre, remarquez que le fait qu'elle doive faire appel à des désirs à contenu ouvert entraîne un autre problème pour la théorie mixte. En effet, s'il est vraisemblable que le désir de préserver son intégrité physique possède une base biologique, cela l'est beaucoup moins pour les désirs qui, dans le cadre de cette théorie, doivent constituer une composante des autres types d'émotions. Dans le cas de l'admiration, par exemple, la manœuvre consistant à postuler un désir général de voir des œuvres d'art est à la fois artificielle et insuffisante. Un désir suffisant serait peut-être celui de voir de belles œuvres d'art, ce qui revient à dire : voir des œuvres d'art admirables. Si la théorie doit faire appel à ce type de désirs (notez l'occurrence d'un terme évaluatif dans son contenu), il convient de se demander par quel miracle Jonas en vient à posséder un tel désir. S'agit-il d'un désir pour lequel il a des raisons, ou d'un désir pour lequel il n'en a pas ? Est-ce, comme le disent certains philosophes, un désir motivé ou un désir non motivé [2] ? Le verdict est aisé : des désirs similaires à celui-ci sont des cas paradigmatiques de désirs motivés, c'est-à-dire des désirs pour lesquels le sujet possède des raisons. Et quelles sont ces raisons ? À quoi doit-on faire appel pour expliquer pourquoi le sujet en vient à former de tels désirs ? C'est qu'il *admire* les œuvres d'art, sommes-nous tentés de répondre. Mais, bien

---

1. Cette incapacité affecte également la théorie conative *génétique* défendue par R. Wollheim selon laquelle les émotions ne sont pas *constituées* par des désirs, mais résultent de leur frustration ou satisfaction réelles ou imaginées. Voir son *On The Emotions*, Yale, Yale UP, 1999.

2. Voir en particulier G.F. Schueler, *Desire*, Cambridge (Mass.), MIT Press, 1995.

entendu, cette réponse n'est pas à la disposition du défenseur de la théorie mixte qui réduit les émotions à des combinaisons de croyances et de désirs.

Ces deux problèmes rencontrés par la théorie mixte nous conduisent à conclure que, s'il existe d'importants liens entre émotions et désirs, ceux-ci ne sauraient être respectés en considérant les émotions simplement comme des combinaisons de croyances et de désirs. Pour résoudre certains de ces problèmes, l'alternative entrevue dans notre discussion consiste à faire appel à des jugements spécifiques de type évaluatif. Cette théorie du jugement évaluatif ou axiologique semble prometteuse. Est-elle cependant plus à même que la théorie mixte de rendre compte de la nature des émotions ?

Théorie du jugement axiologique

Il est plausible d'affirmer que l'introduction directe de désirs au sein des émotions soit à l'origine des problèmes rencontrés par la théorie mixte. Si, comme nous venons de le voir, il n'est pas possible d'individuer les émotions par le biais de simples croyances factuelles, la difficulté ne peut être levée par recours aux désirs. Ce diagnostic est celui d'une conception rivale des émotions. Cette théorie classique, populaire dans l'Antiquité (par exemple chez les Stoïciens) et récemment remise au goût du jour[1], affirme que l'on peut résoudre

1. Voir M.C. Nussbaum, *Upheavals of Thought*, Cambridge, Cambridge UP, 2003, chap. 1 ; R.C. Solomon, *The Passions*, Indianapolis, Hackett, 1993, chap. 5. En psychologie, cette approche est représentée par la théorie de l'*appraisal* développée notamment par R. Lazarus, *op. cit.* et enrichie par K.R. Scherer, « Appraisal Considered as a Process of Multilevel Sequential Checking », dans K.R. Scherer, A. Schorr et T. Johnson (dir.), *Appraisal*

cette difficulté tout en préservant l'idée que les émotions sont entièrement assimilables à des phénomènes doxastiques. Simplement, les phénomènes doxastiques pertinents sont plus spécifiques que ceux que nous avons examinés jusqu'ici : il s'agit de croyances évaluatives ou axiologiques, raison pour laquelle on parle ici de théorie du jugement axiologique. De quoi s'agit-il ?

Reprenons les exemples employés au début de notre discussion. Selon un défenseur de la théorie du jugement axio-logique, il n'est pas suffisant, pour que Jonas ait peur ou que Marie soit triste, qu'ils croient respectivement que le chien a des dents acérées et est prêt à bondir, et que son chat a été sérieusement blessé. À ces croyances, il ne faut pas ajouter des désirs, mais substituer d'autres types de croyances : la croyance de Jonas que le chien présente *un danger* et la croyance de Marie que la mort de son chat constitue *une grande perte*. Puisque, en effet, de telles croyances ne rendent intelligibles que les attributions respectives de peur et de tristesse, le défenseur de la théorie du jugement axiologique assimile les émotions à des croyances de ce type.

La différence cruciale consiste dans le fait que les croyances invoquées ici ne constituent plus une appréhension du monde détachée, mais mettent en jeu ce qu'il est philo-sophiquement convenu d'appeler des valeurs ou propriétés axiologiques. Notez que cet usage technique ne correspond pas exactement à ce qu'on entend par « valeur » dans le langage ordinaire, pour au moins deux raisons. En premier lieu, le philosophe parle de valeurs positives et négatives. Ainsi,

Processes in Emotion Theory, Methods, Research, Oxford, Oxford UP, 2001, p. 92-120.

le terme « valeur » ne dénote pas exclusivement des choses comme la beauté, le courage et la solidarité, mais aussi la laideur, la lâcheté et l'égoïsme. En second lieu, dans le contexte qui nous intéresse, les valeurs ne sont pas conçues comme des abstractions, mais comme des propriétés exemplifiées par certains objets ou événements concrets.

La théorie en question assimile ainsi les émotions à des croyances ou à des jugements axiologiques. Avoir peur d'un animal, c'est croire qu'il est dangereux, être triste à propos d'un événement, c'est croire qu'il constitue une perte, etc., pour tous les types d'émotions. Par conséquent, notre interrogation concernant les liens entre émotions et croyances nous conduit à constater l'existence d'un lien privilégié entre émotions et valeurs. Un avantage immédiat de ce constat est que ce lien permet d'organiser de manière séduisante le champ des émotions. C'est ainsi que Robert Roberts peut distinguer des familles d'émotions sur la base de thèmes évaluatifs communs[1]. Si, par exemple, colère, ressentiment et indignation ont à voir avec l'offense, jalousie et envie sont quant à elles en lien avec la rivalité ; admiration, respect et révérence concernent l'excellence, tandis que remords et culpabilité relèveraient de la faute. Plus spécifiquement, il est possible d'individuer chaque type d'émotion par le biais d'une valeur particulière. Le langage ordinaire souligne l'existence d'un tel lien dans la mesure où à chaque type d'émotion correspond un prédicat évaluatif, souvent dérivé du nom de l'émotion pertinente : on parle ainsi du honteux, de l'humiliant, de l'ennuyeux, du méprisable, de l'admirable, etc. Ressentir la honte ou l'humiliation revient alors à croire que les propriétés axio-

---

1. R. Roberts, *op. cit.*, chap. 3.

logiques signifiées par ces prédicats sont exemplifiées. La théorie en question permet ainsi non seulement d'organiser le domaine des émotions, mais aussi d'en individuer les types.

La leçon majeure des développements précédents est qu'au-delà des multiples objets particuliers vers lesquels un certain type d'émotion peut être dirigé, les occurrences émotionnelles sont unifiées par le biais de propriétés axiologiques qu'il est convenu d'appeler *objets formels* des émotions[1]. Par exemple, la peur peut indifféremment porter sur un chien, un examen, ou le cours de la bourse (objets particuliers), mais toutes les occurrences particulières de peur sont constituées par la croyance que l'objet particulier exemplifie un danger (objet formel).

Cette notion d'objet formel des émotions nous permet de revenir sur le caractère « approprié » ou « inapproprié » des émotions que nous avons brièvement évoqué à l'entame de notre discussion. L'introduction d'objets formels en rapport avec les émotions a en effet au moins trois rôles distincts à jouer. Au-delà de la possibilité d'individuer par leur biais les types d'émotions, invoquer les objets formels permet également d'expliquer l'occurrence d'une émotion et de spécifier ses conditions de correction. Jonas a peur parce qu'il appréhende un certain danger, et sa peur est appropriée précisément parce qu'il y a danger. Marie est en colère parce qu'elle croit

---

1. Pour l'introduction de la notion d'« objet formel » dans la discussion contemporaine des émotions, voir A. Kenny, *Action, Emotion and Will*, London, Routledge and Kegan Paul, 1963. Pour une discussion élaborée des différents objets des émotions, voir R. de Sousa, *The Rationality of Emotions*, Cambridge (Mass.), MIT Press, 1987, chap. 5. En psychologie, les objets formels sont appelés *core relational themes*. Voir par exemple R.S. Lazarus, *op. cit.*, en particulier chap. 3.

que cette blague est offensante, et sa colère est inappropriée car cette blague n'est pas offensante.

Au-delà des avantages déjà mentionnés, la théorie du jugement axiologique permet également d'attribuer aux émotions la direction d'ajustement esprit-monde, ce qui paraît intuitivement correct. Les différents modes d'évaluation des émotions ne font en effet sens que dans le cadre de cette hypothèse. Notez toutefois que, pour réellement tirer avantage du cadre théorique en question, il faut admettre une thèse controversée selon laquelle il doit exister une indépendance minimale entre le jugement qu'une valeur est présente et la présence effective de celle-ci. Pour que la notion de caractère approprié d'une émotion soit applicable, l'occurrence d'une émotion doit être possible en l'absence de la valeur qui lui correspond, et la présence de cette valeur doit également être compatible avec l'absence de l'émotion [1].

Un dernier avantage de la théorie du jugement axiologique réside à notre sens dans la manière dont elle rend compte des liens entre émotions et motivation. Ceci n'est pas immédiatement clair, dans la mesure où cette théorie assimile totalement les émotions à des phénomènes doxastiques. À première vue, alors que l'assimilation par la théorie mixte des émotions à des complexes de croyances et de désirs caractéristiques rend ce lien trop étroit pour être satisfaisant, la théorie du jugement axiologique semble rencontrer le problème inverse. Pourtant, au moins deux options s'offrent à elle. La première consiste à coupler la théorie à l'*internalisme motivationnel* classique. Selon cette thèse, le jugement axiologique, à l'inverse du juge-

---

1. Ceci suppose de développer une ontologie des valeurs compatible avec ces réquisits. Ceci constitue le sujet du premier commentaire *infra*, p. 88-106.

ment factuel, est essentiellement motivant. Juger que le chien est dangereux, c'est être motivé à le fuir. Juger que sa nudité est dégradante, c'est être motivé à disparaître six pieds sous terre. Cette solution rencontre néanmoins deux difficultés. D'abord, l'internalisme motivationnel ne va pas de soi dans la mesure où il paraît possible à un sujet de juger sincèrement que telle situation exemplifie telle valeur sans pour autant être mû à l'action – ce sur quoi l'externaliste ne manque pas d'insister. Ensuite, l'adoption de l'internalisme place la théorie du jugement axiologique face aux objections les plus directes faites à la théorie mixte. Elle se prive en effet par ce biais de la possibilité de rendre compte des émotions, comme celles dirigées vers le passé, qui ne semblent pas intimement liées à l'action.

Une deuxième option consiste à prendre pleinement mesure des considérations qui nous ont fait rejeter la théorie mixte. La leçon retenue est qu'il convient de rendre justice au principe d'explication des désirs au moyen des émotions, et donc de ne pas les confondre. La théorie du jugement axiologique est en mesure de satisfaire cette exigence de manière particulièrement élégante. Nous nous demandions ce qui pouvait expliquer le désir de Jonas de voir de belles œuvres d'art. Nous pouvons maintenant répondre que c'est parce que Jonas juge que les belles œuvres d'art sont admirables, ou autrement dit parce qu'il les admire. Ainsi, les émotions peuvent être conçues comme des raisons pour certains désirs sans toutefois les impliquer. Les émotions qui ne sont pas intimement liées à l'action ne donneront quant à elles naissance à aucun désir.

Il nous faut maintenant nous tourner vers les difficultés auxquelles fait face la théorie du jugement axiologique. Le problème général est assez simple. Il a maintes fois été noté dans la littérature sur le sujet qu'une croyance axiologique n'est ni nécessaire, ni suffisante à une émotion. Considérons d'abord l'objection de la nécessité. L'affirmation que les émotions impliquent nécessairement des croyances axiologiques est peu vraisemblable, pour au moins deux raisons. Premièrement, l'attribution de croyances en général, et à plus forte raison de croyances axiologiques, implique la possession par le sujet de capacités cognitives complexes. Il est au moins nécessaire qu'il maîtrise les concepts figurant dans les propositions qu'il tient pour vraies. Par exemple, nous ne pouvons attribuer à Jonas la croyance que l'écharpe de Marie est en alpaga bolivien que s'il possède les concepts d'écharpe, d'alpaga et de Bolivie, et est capable de les appliquer aux objets et situations qui les justifient. De même, s'il croit que Marie est offensante, cas particulier d'une croyance identifiée par la théorie du jugement axiologique à la colère, alors il doit maîtriser le concept d'offense. Mais doit-on nécessairement maîtriser les concepts attribués par les croyances axiologiques pertinentes pour avoir une émotion ? En particulier, l'attribution courante d'émotions aux animaux et aux enfants en bas âge entre clairement en conflit avec une telle exigence. À choisir entre renoncer à l'idée que les enfants et les animaux aient des émotions ou renoncer à la théorie du jugement axiologique, beaucoup pencheraient à raison pour la seconde option. Deuxièmement, et plus sérieusement encore, il semble tout à fait possible, et même courant, d'éprouver une émotion sans pour autant faire le genre de jugement requis par la théorie. Jonas croit dur comme fer que cette araignée n'est pas dangereuse, et pourtant il en a une frousse terrible. Marie est convaincue qu'elle n'a bravé aucun interdit, et cependant la culpabilité la ronge. Doit-on alors, pour sauver la théorie, leur attribuer des croyances contradictoires, dont l'une serait inavouée ou inconsciente, et, par là même, leur attribuer une grossière forme d'irrationalité ? Ici encore, la balance semble pencher en défaveur de la théorie.

Si ces problèmes n'étaient pas suffisamment sérieux, l'objection de la suffisance que nous allons maintenant considérer est quant à elle dirimante. En effet, la croyance axiologique à laquelle la théorie fait appel est tout simplement compatible avec l'absence de l'émotion pertinente. Il ne suffit pas, par exemple, de croire que nous avons fait quelque chose de dégradant pour ressentir de la honte, ou de croire que tel geste est immoral pour s'en trouver indigné. Dans le langage ordinaire, nous disons que de telles croyances, même fermement ancrées, peuvent nous laisser froids. Je crois fermement qu'il est dangereux de me promener à cette heure dans ce quartier, cependant je n'éprouve aucune peur. Une émotion est quelque chose qui se ressent, un trait souligné précédemment lorsque nous parlions de la phénoménologie caractéristique des émotions. C'est précisément ce trait fondamental que semble ignorer totalement la théorie du jugement axiologique. Notez en outre que cette même objection peut également être faite à la théorie mixte. Croire que telle expédition saharienne peut sérieusement affecter ma santé et désirer la préserver est tout à fait compatible avec l'absence de phénoménologie propre à la peur. Affirmer que les émotions ne sont rien d'autre que des combinaisons de croyances et de désirs ne permet donc pas non plus de respecter ce trait.

La stratégie de l'ajout

S'il s'avère possible de répondre aux objections de la nécessité, la stratégie qui s'impose aux défenseurs de ces deux théories cognitives face à l'objection de la suffisance consiste à introduire une nouvelle composante dans leurs analyses respectives des émotions. Ainsi modifiée, la théorie du jugement axiologique soutient que seuls les jugements axiologiques accompagnés d'une certaine phénoménologie constituent des émotions. Une telle stratégie donne lieu à des théories qu'il est aujourd'hui convenu d'appeler, de manière quelque peu dépréciative, des théories de l'ajout (*add-on theories*). C'est ainsi par exemple qu'Aristote défendait la théorie selon laquelle les émotions sont des jugements axiologiques accompagnés de plaisir et de douleur. La théorie mixte se voit quant à elle modifiée de manière similaire : seules les combinaisons de croyances et de désirs ressentis constituent des émotions. Cette stratégie très courante est-elle une bonne manière de rendre compte de la dimension phénoménologique des émotions ?

Évaluons tout d'abord la stratégie de l'ajout pour la théorie mixte. Cette théorie semble à première vue à même de rendre compte de la phénoménologie propre aux émotions. En effet, elle peut exploiter le fait que les désirs combinés aux croyances ont souvent une phénoménologie propre ; ils sont ressentis. Les candidats les plus plausibles au titre de désirs ressentis sont les pulsions ou les appétits, ainsi que certains désirs urgents. Or, nous avons déjà vu que de tels désirs ne peuvent pas être introduits pour chaque type d'émotion (pensez par exemple à la nostalgie ou à l'espoir). Cela mis à part, si nous avons raison de penser que seuls les désirs ouverts peuvent à première vue être considérés comme des composants essentiels de certaines émotions, *i.e.* préserver son intégrité physique par opposition au désir de fuir dans le cas de la peur, alors la proposition paraît totalement absurde. Ces désirs à contenu ouvert sont en effet des cas paradigmatiques de désirs non ressentis. La théorie mixte ne peut donc pas être récupérée de cette manière.

Qu'en est-il de la théorie modifiée du jugement axiologique? Dès lors qu'elle invoque la dimension phéno-ménologique pour compléter son analyse, il convient de se demander quels rôles elle fait jouer à ces différentes compo-santes des émotions. Soit cette phénoménologie est considérée comme étant pauvre, elle consiste par exemple, à la manière d'Aristote, en une variation sur la seule dimension de l'agréable et du désagréable et dès lors ne suffit pas en elle-même à individuer les types d'émotions[1]. Soit cette phénoménologie est suffisamment riche pour distinguer les types d'émotions par son truchement. Les deux solutions offrent des avantages et des inconvénients, mais aucune n'est satisfaisante.

La première solution a l'avantage d'attribuer aux deux conditions nécessaires des émotions des rôles bien distincts : le jugement individue le type d'émotion, alors que la qualité hédonique rend compte de son caractère ressenti. En revanche, elle ne permet pas, à première vue, de rendre justice aux fines nuances phénoménologiques des émotions. Par exemple, l'idée que le chagrin de Jonas à la mort de sa mère et la colère qu'il ressent vis-à-vis de son père qui l'a tuée ont la même phénoménologie et que seuls des jugements axiologiques différents les distinguent est une idée pour le moins osée. La seule parade possible, dans le cadre d'une théorie aristotéli-cienne des émotions, consiste à faire valoir le fait que les jugements axiologiques eux-mêmes possèdent une certaine phénoménologie. Bien que n'ayant pas eux-mêmes une phénoménologie de type hédonique – pour rendre compte de ce trait, la théorie introduit des plaisirs et des peines comme

---

1. Pour une défense contemporaine de cette théorie, voir I. Goldstein, « Are Emotions Feelings? A Further Look at Hedonic Theories of Emotions », *Consciousness and Emotion* 3, 2003, p. 21-33.

composantes supplémentaires des émotions –, les jugements contribuent néanmoins par ce biais à constituer la phénoménologie totale des émotions et permettent ainsi de les individuer.

La stratégie est ingénieuse et à première vue plausible. Elle demande cependant d'admettre qu'il existe une phénoménologie du jugement, et qui plus est une phénoménologie différenciée en fonction du contenu jugé, ce qui est loin d'aller de soi. Même en admettant cela, la suggestion rencontre la difficulté suivante. Tentez d'imaginer un épisode de votre vie affective passée, par exemple de honte. Faites le jugement axiologique correspondant, disons que la situation était particulièrement dégradante, tout en évitant de ressentir la composante hédonique négative caractéristique de la honte. L'exercice en question laisse perplexe : si l'on parvient à ne pas éprouver la dimension désagréable de cette émotion – ce qui n'est pas aisé –, un jugement froid demeure, qui ne se distingue en rien d'autres jugements axiologiques correspondant à des émotions de qualité hédonique différente. Cette expérience de pensée révèle l'impossibilité de séparer la composante hédonique d'une émotion de sa phénoménologie intentionnelle, quelle que soit la manière dont il convient d'en rendre compte.

La seconde solution offre l'avantage de tenir compte des nuances phénoménologiques en question. Elle souffre toutefois du fait qu'elle attribue des rôles très similaires, et donc peut-être redondants, aux composantes judicatives et phénoménologiques des émotions. Une analogie est ici utile. À celui qui soutiendrait que nos perceptions ne sont rien d'autre que des jugements, on objectera avec raison qu'il n'a pas tenu compte de la dimension phénoménologique de la perception. S'il introduisait alors un contenu expérientiel suffisamment riche pour respecter cette phénoménologie (et non pas un simple ensemble de sensations brutes que la croyance viendrait informer), il conviendrait alors de se demander s'il ne vaut pas mieux renoncer à sa suggestion initiale, tant il est vrai que ce qu'il postule maintenant pourrait seul faire l'affaire. En ce qui concerne les émotions, cela est d'autant plus vrai que nous avons souligné plus haut que les jugements introduits par la théorie du jugement axiologique ne sont pas nécessaires aux émotions. Si la phénoménologie est à elle seule capable de rendre compte de la composante qualitative des émotions et d'en individuer les types, pourquoi ne pas simplement considérer cette dernière proposition comme le point de départ d'une théorie qui renoncerait complètement au programme cognitif discuté ici? C'est pourquoi nous nous tournons maintenant vers des théories qui mettent la phénoménologie au cœur de leurs analyses des émotions.

ÉMOTION, SENSATION ET PERCEPTION

Les émotions et le corps ressenti

Nous avons plus d'une fois eu l'occasion de souligner l'importance de l'aspect ressenti des émotions. Nous avons parlé de phénoménologie, d'expérience qualitative, de qualité hédonique et de sensations, tout en laissant ouverte la question des rapports entre émotions et sensations. Il s'agit maintenant de mieux cerner la place de ces sensations au sein d'une analyse des émotions et d'en spécifier la nature. Parmi les divers types d'états mentaux que recouvre le terme « sensation », lesquels sont ici pertinents? Remarquez que le langage ordinaire met constamment en avant la dimension corporelle des émotions. Lorsque Jonas a peur, il sent son cœur palpiter, sa respiration s'accélérer, sa gorge se nouer, etc.; si Marie a honte, elle sent le sang lui monter à la tête, ses jambes fléchir, ses épaules s'affaisser, etc. Dès lors, pourquoi ne pas faire

directement appel à cette dimension pour analyser les émotions? Descartes déjà disait qu'une passion est la conscience
des activités des esprits animaux dans le corps. Cette théorie
est aujourd'hui surtout rattachée aux noms de William James
et de Carl Lange[1].

La théorie de James considère une émotion comme la
simple conscience, par le sujet, des modifications corporelles
que son appréhension de certains objets ou faits déclenche. De
cette manière, James introduit l'idée que les émotions sont
constituées par la conscience interne par le sujet des réponses
corporelles résultant de l'interaction avec son environnement.

> Ma théorie, au contraire, est que les *changements corporels
> suivent immédiatement la* PERCEPTION *du fait excitant, et que le
> sentiment que nous avons de ces changements, à mesure qu'ils
> se produisent* C'EST *l'émotion*[2].

L'argument célèbre de James en faveur de cette conception des émotions est l'argument de la soustraction. Imaginez,
nous dit James, une émotion, et soustrayez-en tous les ressentis
corporels : il ne reste rien d'autre qu'un état intellectuel froid et
neutre. En posant cette équivalence, James rend immédiatement compte de l'aspect ressenti des émotions. En effet, la
conscience interne à laquelle il fait appel possède sans nul
doute une dimension qualitative. Celle-ci est sous-tendue par
au moins quatre classes de changements physiologiques : les
expressions faciales, les modifications musculo-squeletti-
ques, les changements dans l'expression vocale et ceux du
système nerveux autonome (adrénaline et rythme cardiaque).

---

1. Les deux textes majeurs sont W. James, « Qu'est-ce qu'une émotion ? »
et C.G. Lange « Les émotions », trad. fr. G. Dumas revue et complétée par
S. Nicolas, dans S. Nicolas (dir.), *Les Émotions*, Paris, L'Harmattan, 2006.

2. W. James, *op. cit.*, p. 27.

À cela il convient d'ajouter les changements sous-tendant la présence de la polarité ou valence. Leur perception constitue ce que l'on appelle la conscience de nos réponses périphériques. La théorie met de cette manière le corps au centre d'une analyse des émotions, un aspect sur lequel les théories discutées jusqu'à présent restent étonnamment silencieuses. Un autre avantage est le fait qu'elle est cognitivement peu exigeante, et permet donc de respecter l'intuition selon laquelle les enfants et les animaux ressentent des émotions. Enfin, les réactions du corps n'étant pas celles de la raison, elle rend aisément compte de l'existence d'émotions irrationnelles, à savoir celles qui divergent de nos jugements axiologiques.

Si l'on comprend la théorie comme proposant une équivalence pure et simple entre émotions et perception interne des modifications du corps, deux difficultés importantes se présentent. Avant de les considérer, il convient de noter un aspect crucial de l'analyse en question. On pourrait en effet penser que James met la charrue avant les bœufs. Caricaturant quelque peu, ne nous dit-il pas que nous sommes tristes parce que nous sentons nos yeux s'humidifier et les larmes couler, alors que le sens commun semble plutôt entériner l'ordre d'explication inverse : nous pleurons parce que nous sommes tristes ? Cette impression est due au fait que l'on peut considérer les explications en question comme des explications causales rivales. Cela ne paraît cependant pas la bonne manière de les comprendre. Pour James, le ressenti des pleurs est constitutif de l'émotion de tristesse, et il est possible que l'explication du sens commun fasse finalement référence à la même chose. Les pleurs sont l'indice de la tristesse : ils n'en sont pas les effets, mais la constituent.

Passons aux difficultés plus sérieuses. En premier lieu, il n'est pas évident que toutes les émotions soient accompagnées de perceptions de modifications corporelles. La théorie paraît plausible pour des émotions comme la peur ou la colère, mais pas pour le regret ou l'espoir, qui peuvent sembler ne pas être accompagnées de modifications corporelles ressenties. En outre, des émotions comme la peur et la colère, qui sont en effet souvent accompagnées de sensations corporelles, sont parfois ressenties très faiblement, au point où il devient douteux que nous ressentions des modifications de notre corps. Plus sérieusement, certains sujets dont les réponses périphériques sont totalement absentes en raison d'une lésion de la moelle épinière affirment néanmoins jouir d'une vie émotionnelle riche. Ce dernier problème, souligné depuis longtemps[1], a conduit à un rejet pur et simple de la théorie jamesienne : les réponses périphériques ne sont tout simplement pas requises pour les émotions.

La théorie a cependant été remise au goût du jour et modifiée de manière à tenir compte de ce fait. On s'accorde aujourd'hui à penser que si les réponses périphériques ne sont pas nécessaires, les structures cérébrales spécifiques qui sous-tendent ces réponses doivent néanmoins être activées. Il semble donc que le ressenti caractéristique de certaines réponses périphériques puisse être déclenché indépendamment d'elles. C'est en quelque sorte comme si ces réponses étaient simulées directement par le système central[2]. Certaines données

---

1. W.B. Cannon, « The James-Lange Theory of Emotions : A Critical Examination and an Alternative Theory », *American Journal of Psychology*, vol. 39, 1927, p. 106-124.

2. A.R. Damasio, T.J. Grabowski, A. Bechara, H. Damasio, L.L.B. Ponto, J. Parvizi et R.D. Hichwaet, « Subcortical and Cortical Brain Activity during the Feeling of Self-Generated Emotions », *Nature Neuroscience*, 3.10, 2000, p. 1049-1056 ; J.J. Prinz, *op. cit.*, p. 58-59.

suggèrent par ailleurs que ce genre de « raccourci » pris par le système central est précisément en jeu lorsque nous simulons les émotions que nous ressentirions dans certaines circonstances ou les émotions d'autrui dans l'empathie. Ce phénomène, s'il est confirmé, est d'un grand secours pour une théorie des émotions souhaitant respecter les intuitions de James. Une émotion est soit la perception véridique de certaines modifications corporelles, soit la simulation de la perception de ces mêmes modifications corporelles en leur absence. Notez que l'explication en question requiert que toute émotion possède un certain ressenti corporel, et revient donc à refuser l'intuition selon laquelle certaines émotions comme l'espoir et le regret en sont dépourvues[1].

En second lieu, il n'est pas évident que la perception interne en question soit suffisante pour caractériser les émotions. Est-il possible d'individuer les phénoménologies spécifiques aux divers types d'émotions en ne faisant appel qu'aux sensations corporelles ? Par exemple, quelles sont les différences, à ce niveau, entre joie et fierté ? Ces questions doivent recevoir une réponse empirique, et l'évidence actuelle n'est pas défavorable à l'idée qu'une telle individuation soit possible en ce qui concerne les émotions de base. Mais le problème de la suffisance des sensations corporelles se pose encore d'une manière plus sérieuse. Il semble en effet que les modifications

---

1. Deux options compatibles s'offrent à celui qui veut nier cette intuition. Premièrement, beaucoup des cas qui sous-tendent l'intuition peuvent être des émotions inconscientes dans l'un des sens distingués plus haut, ce qui n'implique pas qu'elles ne soient pas ressenties. Deuxièmement, bien des auto-attributions d'émotions – typiques dans les cas du regret et de l'espoir – peuvent être rangées dans la catégorie que P.E. Griffiths appelle les « actions feintes » ; elles ne réfèrent pas du tout à des phénomènes affectifs.

du corps que vous percevez, disons, en tombant malade, puissent être très similaires à celles que vous percevez lors d'un épisode de dégoût vis-à-vis d'un gâteau à la crème. Or, il y a une différence fondamentale entre ces deux cas. Comme nous l'avons déjà souligné, une émotion comme le dégoût ne nous est pas donnée, ou en tout cas pas immédiatement, comme un état dirigé vers notre propre corps. Au contraire, le dégoût est dirigé vers un objet qui nous est donné comme dégoûtant, un constat au cœur de la théorie du jugement axiologique. Ce phénomène précis, clairement incompatible avec l'idée qu'une émotion n'est rien d'autre qu'une perception des modifications de notre propre corps, est suffisant pour rejeter ce modèle et constitue la motivation principale des théories contemporaines qui cherchent une voie médiane entre la théorie du jugement axiologique et la théorie jamesienne.

Théories perceptives des émotions

Afin d'introduire ces théories contemporaines, il convient de rappeler l'idée centrale de la théorie du jugement axiologique. Au-delà de ses effets sur notre corps, le trait principal d'une émotion est d'informer le sujet de la signification que certains objets ou événements ont pour lui. Les émotions nous dévoilent un monde chargé de valeurs. Partant du constat qu'il n'est pas correct d'analyser ce trait en termes de *jugements* axiologiques, et à la lumière des considérations sur le caractère ressenti des émotions, il convient de se demander si un autre modèle n'est pas disponible. Il y a des raisons de penser que ce modèle est à chercher plutôt du côté de la perception. En effet, la philosophie de la perception, après avoir tenté d'analyser les phénomènes perceptifs en les assimilant aux attitudes proposi-tionnelles, s'est récemment attachée à souligner leurs spécifi-cités. L'intentionnalité de la perception est souvent considérée comme irréductible au jugement, ceci pour au moins trois raisons : la perception possède une phénoménologie impossible à capturer par un simple appel au jugement, ne demande pas nécessairement le déploiement des concepts pertinents et autorise des discriminations systématiquement plus fines que les jugements que l'on peut lui associer. Or, ces mêmes traits semblent également caractéristiques des émotions : nous avons insisté sur leur dimension phénoménologique, sur le fait que des créatures dénuées de concepts axiologiques peuvent néanmoins les ressentir, et il semble que la sensibilité aux valeurs qu'elles autorisent soit plus fine que les discriminations opérées au moyen de jugements axiologiques.

D'où l'idée que les émotions ne sont pas des jugements, mais des *perceptions* de valeurs [1]. Avoir peur, c'est percevoir le danger, être triste percevoir une perte, de la même manière qu'avoir une expérience visuelle spécifique, c'est percevoir par exemple une voiture. Selon un défenseur de cette théorie, il n'est pas plus nécessaire de déployer les concepts de danger ou de perte pour faire l'expérience, respectivement, de la peur et de la tristesse que de déployer le concept de voiture pour en voir une. Le parcours que nous avons effectué jusqu'ici permet de mesurer la pertinence d'une telle analyse. Elle possède plus spécifiquement les vertus suivantes. Tout d'abord, les émotions se voient attribuer la direction d'ajustement esprit-monde caractéristique des jugements sans pour autant être assimilées à ceux-ci. Ce faisant, l'analyse satisfait l'intuition selon laquelle les émotions jouent un rôle épistémique important

---

1. On trouve des versions sophistiquées de cette théorie dans R. de Sousa, *op. cit.*, p. 149-158, M. Scheler, *Le formalisme en éthique et l'éthique matériale des valeurs*, trad. fr. M. de Gandillac, Paris, Gallimard, 1955 et C. Tappolet, *Émotions et valeurs*, Paris, PUF, 2000.

en nous dévoilant un monde de valeurs. Ensuite, celle-ci est satisfaite d'une manière qui répond à une seconde intuition fondamentale, à savoir que, par le biais de cette forme de perception affective que sont les émotions, nous appréhendons le monde d'une manière phénoménologiquement saillante. Notez que l'analyse peut de cette manière individuer les types d'émotions par le biais des valeurs spécifiques qu'elles dévoilent. Enfin, cette analyse devient particulièrement séduisante lorsque l'on constate que le rapport des émotions aux jugements axiologiques correspond à celui entre les expériences perceptives et les jugements de perception. De la même manière que l'on est tenté d'affirmer que les expériences perceptives causent et justifient ces jugements, les émotions semblent bel et bien causer et, de prime abord du moins, justifier des jugements axiologiques. Par exemple, Jonas est justifié de prime abord à croire que tel commentaire est offensant parce qu'il le met en colère. De plus, si les émotions sont des perceptions et non des jugements, l'analyse peut expliquer les cas d'émotions irrationnelles qui posent problème à la théorie du jugement axiologique, en les assimilant par exemple aux illusions perceptives : les phobies, au même titre que certaines illusions perceptives systématiques, sont conçues comme des formes d'illusions affectives.

Si toutes ces vertus sont à mettre au crédit de la théorie perceptive des émotions, celle-ci pèche en revanche par son caractère programmatique. Comment doit-on comprendre l'appel au modèle perceptif ? Est-ce simplement une analogie ou l'assimilation doit-elle être prise dans un sens littéral ? Si le modèle perceptif est compris au sens littéral, à quel(s) modèle(s) fait-on appel ? Au sens strict, la perception est pour nous associée à certaines modalités sensorielles et à des organes spécifiques. Le modèle perceptif ne saurait s'appliquer littéralement pour la simple raison qu'il n'existe pas d'organe de l'émotion apte à jouer le même rôle que l'œil ou l'oreille. À l'inverse, s'il s'agit d'une simple analogie, l'assimilation se ramène à souligner, comme nous venons de le faire, un certain nombre de parentés entre émotions et expériences perceptives. Pour suggestive qu'elle soit, la proposition souffre d'un vague problématique, sans parler du fait qu'il est possible de mettre en évidence tout autant de dissimilitudes fondamentales que de similarités entre les deux types de phénomènes.

D'une part, il peut sembler étrange de concevoir les émotions, au même titre que les perceptions, comme de simples mécanismes de détection d'un certain type d'information, quand on sait que les émotions sont, à l'inverse des perceptions, hautement dépendantes des motivations, croyances et traits de caractère des sujets. D'autre part, la perception est *factive* – percevoir la rougeur d'une voiture implique qu'elle soit rouge –, alors que les émotions ne semblent pas l'être – ressentir de la peur face à une araignée ne paraît pas impliquer qu'elle soit dangereuse [1]. À supposer que ces difficultés soient surmontables, reste que la dimension phénoménologique qui motive l'analogie n'est pas aisément assimilable à celle exemplifiée par la perception, ceci pour au moins deux raisons.

---

1. Pour des considérations atténuant ces dissimilitudes entre émotions et perceptions, voir J. Deonna, «Emotion, Perception and Perspective», *Dialectica* 60.1, 2006, p. 29-46. Sur la factivité, voir J. Dokic, *Qu'est-ce qu'une perception?*, Paris, Vrin, 2004. Pour les relations entre factivité et émotions, voir G. Soldati, «Transparenz der Gefühle», dans B. Merker (dir.), *Emotionen interdisziplinär*, Paderborn, Mentis, 2008.

D'abord, la phénoménologie des émotions est, au moins en partie, essentiellement hédonique : ressentir une émotion, c'est fondamentalement être dans un état plaisant ou déplaisant. Au contraire, la phénoménologie de la perception ne possède pas, en elle-même, une telle dimension hédonique. Ensuite, les expériences perceptives sont ce qu'il est convenu d'appeler « transparentes ». Essayez de décrire le contenu de l'expérience visuelle d'un vase de fleurs sur une table. Vous constaterez qu'il est très difficile de mentionner autre chose que les propriétés exemplifiées par les objets que vous voyez : le vase possède telle nuance de bleu, les fleurs ont telles formes, couleurs et textures, etc. Ces éléments nous sont donnés comme des propriétés de l'objet perçu et non comme des propriétés de l'expérience perceptive. Or, ceci n'est pas évident dans le cas des émotions. Le ressenti de la peur n'est pas clairement donné comme un trait de l'objet qui nous terrifie, pas plus que celui de la gratitude n'est donné comme une propriété de telle ou telle personne. Ces traits distinctifs exigent de la théorie perceptive qu'elle soit au minimum plus spécifique concernant ce qui, au sein de la phénoménologie complexe des émotions, joue le rôle de perception de la valeur, ainsi que sur la manière dont ce rôle est rempli. Il est donc raisonnable de penser qu'en encourageant une assimilation directe des émotions aux perceptions, la théorie perceptive masque des différences phénoménologiques cruciales.

Soulignons enfin la difficulté, à nos yeux la plus sérieuse, pour une analyse perceptive. Si les émotions constituent des accès indépendants ou *sui generis* aux *propriétés* qu'elles dévoilent, elles ne peuvent néanmoins pas être comprises, à l'inverse des perceptions, comme des accès indépendants aux *objets particuliers* qui exemplifient ces propriétés[1]. Par exemple, si l'injustice de la remarque de Jonas est perçue par Marie à travers son indignation, la remarque elle-même ne l'est pas. Marie doit y accéder par un autre biais (la perception, le souvenir, la croyance, etc.), qui constitue dès lors la base cognitive de son indignation. Elle a entendu la remarque et la ressent comme injuste. L'appréhension évaluative au cœur de la théorie perceptive est fondée sur de telles bases non axiologiques : celles-ci causent et, dans un sens qui reste à élucider, expliquent l'occurrence des émotions. Cette distinction entre deux niveaux psychologiques exemplifiant des rapports causaux et épistémiques ne fait à première vue aucun sens dans la perception.

Cette discussion de la théorie perceptive permet de tirer une leçon importante. En restant aussi éloignée de ce qui fait la spécificité phénoménologique des émotions, la métaphore perceptive reste comme nous l'avons vu un vœu pieu. Pire, cette métaphore est plus trompeuse qu'il n'y paraît : il s'agit en fait de distinguer clairement entre perception d'un côté et émotion de l'autre, afin de pouvoir articuler les relations pertinentes entre les émotions et leurs bases cognitives. Tout ceci, bien sûr, est compatible avec la reconnaissance que les raisons qui motivent la théorie sont correctes.

L'INTENTIONNALITÉ AFFECTIVE

La discussion qui précède a permis de présenter des théories prometteuses mais trop fragmentaires. La stratégie

---

1. Pour l'importance de la distinction entre base cognitive et appréhension de la valeur, voir F. Teroni, « Emotions and Formal Objects », *Dialectica*, 61.3, 2007, p. 395-415.

qui s'impose, pour progresser dans l'analyse, nécessite donc que l'on puise dans les intuitions à première vue divergentes qui fondent ces théories. En un mot, nous devons articuler trois dimensions fondamentales des émotions : leur caractère ressenti, leur intentionnalité et leur rôle épistémique (dépendance eu égard à leurs bases et raisons pour le jugement axiologique). Il existe trois façons d'opérer cette jonction.

James revisité

Une première possibilité consiste à développer la théorie jamesienne des émotions afin de la rendre compatible avec l'idée que les émotions sont des représentations de valeurs. James dit que les émotions sont des perceptions de modifications corporelles. Il convient maintenant de se demander à quelles occasions différents types de modifications corporelles et donc leur perception surviennent. On pourrait imaginer qu'à différents types de modifications corporelles correspondent différents types de situations rencontrées par le sujet. L'idée est alors qu'il existe des co-variations systématiques entre la perception de certains types de situations et le déclenchement de modifications corporelles. Par exemple, la perception de serpents ou d'araignées déclenche systématiquement les modifications corporelles caractéristiques de la peur. De même, peut-être de manière non pas innée mais acquise, la perception de nos fautes morales déclenche systématiquement les modifications corporelles caractéristiques du sentiment de culpabilité. Selon une idée répandue en philosophie contemporaine, de telles co-variations constituent le cœur d'une analyse de l'intentionnalité[1]. Pourquoi ? Le feu cause la fumée, la chaleur cause la montée d'une colonne de mercure, la varicelle cause certaines éruptions cutanées. Le philosophe naturaliste sera tenté d'exploiter l'existence de telles co-variations causales pour analyser la notion d'intentionnalité. Car si le feu cause la fumée, alors la fumée indique la présence de feu ; il est alors séduisant de concevoir ces relations d'indication comme la base d'une fonction représentative possible. Pour cette raison, on peut considérer que, puisque des modifications corporelles caractéristiques co-varient de la même manière avec certains types de situations, les premières ont pour *fonction* de représenter les secondes. Les modifications corporelles liées à ma colère auraient ainsi pour fonction de représenter les situations typiques qui en sont la cause. Or, ces situations typiques n'exemplifient-elles pas précisément ce que nous avons appelé l'objet formel des émotions, dans ce cas l'offense ? Il est alors possible de conclure que la perception par le sujet des modifications corporelles caractéristiques qui accompagnent sa colère constitue du même coup une représentation de l'offense à laquelle il fait face [2].

Cette théorie néo-jamesienne opère une jonction originale entre les trois dimensions fondamentales des émotions soulignées plus haut. Leur caractère ressenti, assimilé ici sous l'influence de James aux sensations corporelles, est également porteur d'une intentionnalité : les sensations corporelles ont

1. Pour l'origine de cette approche, voir F. Dretske, *Knowledge and the Flow of Information*, Cambridge (Mass.), MIT Press, 1981.

2. La version la plus détaillée de cette conception des émotions est développée dans J.J. Prinz, *op. cit.*, chap. 3. Pour une conception similiaire et son application en esthétique, voir J. Robinson, *Deeper than Reason*, New York, Oxford UP, 2005.

pour fonction de représenter la valeur. Qui plus est, cette
théorie permet d'articuler les liens entre émotions et bases
cognitives, puisque les modifications corporelles en question
sont causées et potentiellement justifiées par des états cognitifs distincts – qu'il s'agisse de simples perceptions ou de
jugements axiologiques complexes.

    Cette théorie est-elle satisfaisante ? La jonction est bel et
bien réalisée, mais l'est-elle de la bonne manière ? Le rapport
entre émotion et valeur est conçu comme un cas particulier du
rapport entre éléments reliés par co-variation causale. Un tel
rapport entre perturbations corporelles et valeurs est-il à même
de rendre compte du lien représentationnel entre émotions
et valeurs ? Il semble à première vue qu'un tel rapport ne soit
pas le type de relation intentionnelle à la première personne
qu'avait à l'esprit un tenant de la théorie perceptive ou de la
théorie du jugement axiologique, lorsqu'il cherchait à expliquer la manière dont les valeurs nous sont données à travers
l'émotion. Mais peut-être allons-nous trop vite : après tout, la
théorie affirme que c'est la perception ou la conscience des
perturbations corporelles, et non ces seules perturbations,
c'est-à-dire bel et bien un acte intentionnel à la première
personne, qui rend compte du rapport représentationnel entre
émotions et valeurs. Peut-on alors faire appel à cette relation
pour élucider l'intentionnalité spécifique dirigée vers la
valeur ? Certes, on peut dire par exemple que, de la même
manière que l'apparence perceptive de l'eau constitue un
rapport intentionnel à ce qui s'avère être H_2O, la conscience de
certaines modifications de notre corps constitue un rapport
intentionnel à telle ou telle valeur[1]. Mais, indépendamment

---

1. J.J. Prinz, *op. cit.*, p. 67-69.

de la sympathie que l'on peut éprouver ou non pour un tel programme de naturalisation de l'intentionnalité, une chose est claire : s'il fait sens d'affirmer que H_2O nous est donné à travers l'apparence de l'eau, il ne nous est en revanche pas donné sous cet aspect. Or, la peur ne nous donne-t-elle pas justement le danger sous l'aspect du danger ? Cette idée est en tout cas au centre de plusieurs des théories que nous avons examinées auparavant.

Quelle que soit la manière dont on veut répondre à cette dernière question, le problème se pose encore plus sérieuse-ment pour les émotions telles que les conçoit la théorie néo-jamesienne. En effet, si les sensations corporelles sont com-prises comme des perceptions à part entière, à savoir comme des actes intentionnels qui ont pour objet certaines parties du corps, données à travers un certain type d'expérience, alors l'analogie avec le cas de la perception de l'eau devient obscure. Dans ce dernier cas, il n'y a pas deux candidats au statut d'objet de la conscience perceptive, H_2O et ce qui nous est donné visuellement, mais un seul. Ici, le lien entre l'un et l'autre est bien plutôt d'ordre *constitutif*. En revanche, il semble bien y avoir compétition entre deux objets au sein du type d'état mental recruté par la théorie néo-jamesienne pour fonctionner comme appréhension de valeur. Les sensations corporelles, en effet, possèdent déjà un objet intentionnel, à savoir des parties du corps qu'elles nous font ressentir de telle ou telle manière. Et le lien entre les parties du corps ressenties et la valeur n'est clairement pas d'ordre constitutif. Il n'est évidemment pas le cas que la valeur est aux parties du corps ressenties ce qu'H_2O est aux propriétés manifestes dans la per-ception visuelle de l'eau. Dans ce sens, il n'y a pas véritable-ment de rapport intentionnel à la valeur, que celui-ci soit perceptif ou judicatif, et c'est la raison pour laquelle le défenseur de cette théorie doit considérer comme un ajout possible, mais non nécessaire à l'occurrence d'une émotion, un rapport intentionnel avec la valeur qui prend la forme d'un jugement axiologique. On retrouve ici, dans sa forme inversée, la stratégie de « l'ajout » : alors que dans une première forme, cette stratégie consistait à ajouter une expérience à un jugement axiologique, nous sommes maintenant tentés de décrire la présente option comme ajoutant un jugement axiologique à une expérience qui ne constitue pas en elle-même un accès intentionnel privilégié à la valeur.

Les ressentis dirigés

En dépit de ses promesses initiales, la théorie néo-jamesienne peine donc à analyser les émotions comme des modes d'accès privilégiés à un monde de valeurs. C'est précisément ce que la seconde solution va s'efforcer de préserver. Partant du constat que, dans l'expérience émotionnelle, l'attention est entièrement dirigée vers le monde – vers l'hydre qui m'attaque, le mécréant qui m'insulte – et aucunement vers les modifications corporelles qui accompagnent ces émotions, on va chercher à localiser l'intentionnalité des émotions ailleurs que dans la perception de ces réponses physiologiques. Ce faisant, on s'inscrit également dans ce que nous avons appelé le modèle perceptif des émotions, en tâchant de tenir compte des trois dimensions cruciales : caractère ressenti, intentionnalité et dépendance eu égard à des bases. C'est ainsi, par exemple, que Peter Goldie met au centre de sa théorie des émotions ce qu'il appelle des « ressentis dirigés » (*feelings towards*)[1]. L'idée, ici, est que pour coller au plus près à la

---

1. P. Goldie, *The Emotions*, Oxford, Oxford UP, 2000, chap. 3.

phénoménologie des émotions, il faut introduire une expérience spécifique dirigée vers le monde et qu'on ne saurait assimiler aux sensations corporelles. Naturellement, cela n'implique aucunement que les expériences de ce type soient les seuls constituants des émotions; elles sont typiquement constituées de bien d'autres éléments, parmi lesquels certaines sensations corporelles. Mais Goldie insiste sur le fait que les ressentis dirigés ne constituent pas une couche supplémentaire de l'expérience affective – il ne s'agit pas d'un ajout, mais bien de la façon dont un monde nous est donné en terme de valeurs à travers les émotions.

La théorie des ressentis dirigés est certes séduisante. Elle spécifie parfaitement ce que l'on espère d'une analyse satisfaisante des émotions. Mais, si quelque chose de l'ordre des ressentis dirigés est en effet requis par l'analyse, nous ne sommes cependant pas certains qu'en l'état cette expression soit autre chose qu'un nom posé sur un problème. Premièrement, même si l'on refuse l'argument de la soustraction de James, et que l'on admet qu'un certain ressenti émotionnel subsiste une fois soustraites les sensations corporelles, il n'en demeure pas moins que l'analyse en question nous force à dupliquer les propriétés phénoménales des émotions. En effet, non seulement ma peur va consister en un ressenti dirigé vers l'hydre, mais elle va causer également un ressenti corporel. Or, de deux choses l'une. Si l'on conçoit le ressenti dirigé comme ayant une certaine qualité hédonique, nous sommes contraints de postuler la présence de deux porteurs distincts de la polarité des émotions (le ressenti dirigé et les sensations corporelles), ce qui paraît redondant au niveau de l'analyse et contrevient aux intuitions portant sur la phénoménologie des émotions. Si, au contraire, on conçoit le ressenti dirigé comme une expérience de valeur hédoniquement neutre, on se prive alors de la possibilité d'unifier les dimensions intentionnelle et phénoménale des émotions. L'analyse nous condamne ainsi à renoncer à l'idée que les émotions sont des accès *sui generis* aux valeurs. Une fois engagé dans cette voie, on ne peut plus échapper à l'idée que l'expérience de la valeur, à travers le ressenti dirigé, pourrait survenir en l'absence des ressentis corporels et autres effets possibles d'une telle expérience[1]. En un mot, nous avons cette fois dédoublé les bases cognitives de l'émotion; à l'accès disons perceptif à l'objet de l'émotion (hydre, chien), nous avons ajouté l'expérience de la valeur (le danger), laquelle déclenche occasionnellement une suite de modifications corporelles plus ou moins saillantes dans l'expérience du sujet et qui n'ont dès lors plus aucun rôle intentionnel à jouer. Si une théorie ayant de telles consé-quences a de quoi surprendre, il convient cependant de noter qu'elle satisfait à deux intuitions importantes. D'abord, elle permet de rendre compte des cas multiples où les valeurs nous sont données sans pour autant nous émouvoir. Ensuite, elle autorise l'idée que la conscience d'une même valeur peut susciter des réactions émotionnelles radicalement différentes. Le défenseur d'une telle théorie distingue entièrement le fait de ressentir une valeur de ses effets possibles au nombre desquels on compte les émotions.

Les options offertes à la théorie du ressenti dirigé constituent donc un dilemme dont les termes se distinguent en réalité seulement à travers ce qu'on choisit de considérer

---

1. Pour cette théorie, voir K. Mulligan, « Intentionality, Knowledge and Formal Objects », dans T. Ronnow-Rasmussen, B. Petersson, J. Josefsson et D. Egonsson (dir.), *Hommage à Wlodek. Philosophical Papers dedicated to Wlodek Rabinowicz*, 2007; cet article est disponible sur internet : www.fil.lu.se/HommageaWlodek/site/papper/MulliganKevin.pdf.

comme une émotion : soit, dans l'option initiale, une multi-
plicité d'éléments ayant des fonctions différentes, soit, dans
l'option alternative, un sous-ensemble de ces mêmes éléments.
Dans le premier cas, le philosophe regrettera de ne plus avoir
une théorie unifiée du phénomène qu'il tente d'expliquer :
l'émotion est maintenant conçue comme une succession
d'états mentaux dont l'ordre et le nombre varient en fonction
du type d'émotion en jeu et du contexte particulier[1]. Dans le
second cas, en revanche, nous conservons une théorie unifiée
– les émotions sont conçues comme des *réactions* à des appré-
hensions de valeur réelles ou apparentes –, mais la conséquence de cette division des tâches entre ressenti dirigé et
émotion est que les émotions ne sont plus des phénomènes
intentionnels, du moins en ce qui concerne la valeur. Le lien
entre réaction et appréhension de la valeur devient ici contin-
gent. Dans ce modèle, la réaction constituée par l'émotion doit
être intelligible indépendamment de l'appréhension d'une
certaine valeur. Elle ne saurait en particulier hériter de l'intentionnalité de cette appréhension, sans quoi la théorie se prive-
rait d'un seul coup de satisfaire aux intuitions qui la motivent.
En effet, si l'expérience du danger donne à une réaction
affective la seule intentionnalité axiologique qu'elle possède,
alors l'émotion en question *doit* être la peur, car aucune autre
émotion ne présente son objet sous l'aspect du danger. Imagi-
nons par exemple de la tristesse ressentie à la suite d'une
expérience de danger ; cela est possible, mais la tristesse ne
fait aucun sens en tant que *présentation* d'un certain danger.
Adopter ce modèle interdit donc de rendre compte du décou-

---

1. K.R. Scherer, *op. cit.*, défend la théorie componentielle la plus aboutie
en psychologie.

plage entre expérience de valeur et réaction affective qui motive la théorie. La seule alternative est de conclure que les émotions n'ont absolument aucune intentionnalité axiologique, qu'elle soit originale ou dérivée, mais dès lors on se prive de la possibilité de rendre compte de l'idée même selon laquelle les émotions sont soumises à des contraintes de correction et donc évaluables à la lumière des valeurs auxquelles elles sont censées être des réactions.

Quelle que soit la réaction suscitée par les difficultés ici évoquées, la clef de voûte de l'édifice théorique propre au modèle du ressenti dirigé n'en demeure pas moins fragile. Car, qu'est-ce qu'un ressenti dirigé? La psychologie empirique de l'affectivité ne nous aide pas sur ce point. Dès lors, en choisissant cette option, on risque de prêter le flanc aux objections récurrentes auxquelles l'intuitionnisme en matière de valeurs a toujours fait face.

La dynamique affective : une unité retrouvée ?

Le parcours effectué jusqu'ici nous a permis d'identifier un certain nombre de réquisits pour une théorie satisfaisante des émotions. Il s'avère cependant difficile de les concilier tous. À défaut d'envisager des alternatives radicales aux théories examinées, la solution doit, selon nous, concilier l'intuition jamesienne selon laquelle le corps est au centre des émotions avec l'idée que celles-ci possèdent une intentionnalité axiologique propre à la première personne. Mais peut-on concilier l'idée que l'élégance du félin nous est donnée dans l'expérience de sa démarche (on fait l'expérience de la démarche comme élégante), que la majesté de cette cathédrale nous est donnée dans l'expérience de sa façade (on en fait l'expérience comme majestueuse) avec la seule phénoménologie clairement accréditée à la fois par les sciences empiriques de l'affect et par la perspective à la première personne, à savoir celle du corps ressenti ?

À nos yeux, la meilleure manière de procéder consiste à recruter les sensations corporelles de façon à les faire fonctionner comme expériences de valeurs à part entière. En ce sens, concevoir les sensations corporelles en jeu dans l'émotion comme quelque chose qui ne fait rien d'autre que co-varier avec certains types de situations qui s'avèrent par ailleurs instancier certaines valeurs correspond à une falsification de la manière dont elles opèrent au sein de la conscience affective. Mais peut-on dire que le ressenti du corps soit une expérience de valeur ? Un détour par l'examen du sens du toucher nous permet de mesurer la pertinence de cette possibilité. En effet, il appert que les sensations corporelles ont un rôle à jouer dans la représentation à la première personne des propriétés tactiles de l'environnement. Lorsque je touche la surface d'un bloc de granit, une certaine distribution de sensations au bout de mes doigts me présente la surface en question comme râpeuse. Notez que ces sensations ne sont pas à l'avant-plan de ma conscience tactile, mais fonctionnent plutôt comme des modes d'accès diaphanes au caractère râpeux de la surface. En outre, bien que la distribution de sensations tactiles change sans cesse en fonction des aspérités du bloc que ma main vient à rencontrer, son caractère râpeux m'est donné comme constant à travers ce flux de sensations. C'est ce qu'on appelle souvent le caractère *dynamique* de la perception. La meilleure description que l'on puisse donner de ce phénomène consiste à dire que la surface m'est donnée comme râpeuse à travers ce flux de sensations tactiles.

En outre, il est notable que je peux à l'envi concentrer mon attention soit sur les sensations localisées au bout de mes doigts, soit sur la surface râpeuse. Si la conscience perceptive naïve est naturellement dirigée vers l'extérieur, lorsque les circonstances l'exigent nous tournons notre attention vers notre corps. Notez que, lorsque nous réorientons ainsi notre attention, les propriétés des objets extérieurs nous sont en quelque sorte voilées. La phénoménologie du toucher est telle qu'il est difficile d'appréhender le caractère de la surface tout en concentrant notre attention au bout de nos doigts. La modalité du toucher est spécifique en cela qu'elle ne satisfait pas clairement le principe de transparence évoqué plus haut en rapport avec d'autres modalités sensorielles. Décrire les sensations au bout de mes doigts n'est pas la même chose que décrire les propriétés d'une surface. Un tel modèle n'est-il pas exploitable pour concilier l'intentionnalité et la phénoménologie du corps caractéristiques des émotions ?

Répondre par l'affirmative revient à souligner les profondes similitudes entre la sensibilité affective et la sensibilité tactile. Lorsque nous ressentons une émotion, les sensations corporelles fonctionnent comme présentation de l'environnement, ou de l'une de ses parties, comme signifiant. J'évite de justesse le camion venant en sens inverse, mon expérience est tout entière dirigée vers le camion et le danger qu'il représente. On retrouve ici le même contraste entre conscience naïve, dirigée vers l'extérieur, et conscience réflexive, à savoir une conscience dirigée vers les sensations corporelles lorsque les circonstances favorisent une telle réorientation de l'attention. Une fois le camion évité, et arrêté sur le bas côté de la route, mon attention est maintenant dirigée vers les sensations corporelles déclenchées par la perception du camion. Comme dans le cas de la perception tactile, le danger représenté par le camion est voilé par le fait que des parties de mon corps sont maintenant ce dont je fais l'expérience. Par ailleurs, nous retrouvons l'aspect *dynamique* de la même manière que dans le cas du toucher. Le danger dont je suis conscient à travers ma peur m'est donné comme constant à travers une distribution de sensations corporelles qui, elles, varient en fonction du déroulement naturel de l'épisode émotionnel en question. La peur, par exemple, est constituée par une séquence typique de réponses physiologiquement différenciées dont les pics d'activation varient à travers le temps que dure l'expérience, mais qui toutefois présentent, dans la conscience affective naïve, un danger constant.

Reste que, dans le cadre de cette théorie dynamique, l'on est en droit de se demander comment les sensations corporelles dans ce que nous avons appelé la conscience naïve sont comprises comme des présentations de valeurs. Les sensations corporelles sont-elles tout simplement aptes à représenter un monde de valeurs au-delà et indépendamment de simples co-variations ? La réponse à cette question est loin d'être évidente, dans la mesure où elle demande une investigation spécifique de chaque type d'émotion. Il nous semble néanmoins que la considération de quelques exemples autorise un certain optimisme. Revenons d'abord au cas de la peur. En quoi la phénoménologie naïve de la peur peut-elle constituer l'appréhension du camion comme dangereux ? Appréhender le camion comme un danger, c'est l'appréhender comme demandant une certaine réponse, qui constitue l'émotion, et qui dans le cas présent doit être de l'ordre de la neutralisation. Or, qu'est-ce que la phénoménologie naïve de la peur si ce n'est le corps mobilisé en vue d'une telle neutralisation, que ce soit par la préparation à la fuite ou à l'attaque préventive ? Il fait sens de dire que le corps mobilisé de cette manière constitue une présentation du danger. Dans le cas de la colère, le corps est mobilisé en vue d'un assaut quelconque : on appréhende alors une certaine attitude ou remarque comme demandant une telle réponse, laquelle constitue l'émotion de colère. Il nous semble que cette même analyse peut aussi s'appliquer aux émotions positives. Dans un épisode de tendresse, par exemple, nous appréhendons une personne comme demandant une forme ou une autre de cajolerie. L'analyse en question peut en outre faire sens des émotions qui ne sont pas directement dirigées vers l'action. Il fait sens de dire, par exemple, que l'abattement et le fléchissement du corps caractéristiques de la tristesse sont une présentation d'un certain événement comme une perte, à savoir comme nous privant des attitudes et comportements que sa présence aurait permis [1].

Cette théorie dynamique est la voie que doit suivre celui qui conserve l'espoir de défendre une théorie unifiée des émotions, et donc désireux de concilier leurs dimensions phénoménales, intentionnelles et épistémiques. En effet, la description phénoménologique proposée permet de rendre compte du caractère intentionnel des émotions comme accès *sui generis* aux valeurs : la phénoménologie du corps caractéristique de la conscience affective est ce qui présente les propriétés axiologiques de l'environnement. Elle le fait en tenant compte du lien épistémique qu'il convient de respecter entre la base cognitive de l'émotion (par exemple une présentation visuelle de l'objet particulier) et la présentation de cet objet comme possédant une certaine valeur. Dans la mesure où l'intentionnalité axiologique est prise en charge par le corps ressenti, nous pouvons aisément distinguer les bases cognitives de

1. La richesse des formes que peut prendre la préparation à l'action a été particulièrement mise en évidence par N.H. Frijda ; voir *The Emotions*, Cambridge, Cambridge UP, 1986 et *The Laws of Emotion*, Mahwah (NJ), Lawrence Erlbaum, 2006.

l'émotion qu'elles causent et motivent. Notez également que l'émotion, en tant qu'expérience de la valeur, pourra jouer un rôle épistémique par rapport au jugement axiologique. Enfin, soulignons que faire appel de cette manière à la mobilisation du corps vis-à-vis d'un événement ou d'un objet pour élucider l'intentionnalité axiologique à la première personne propre aux émotions donne tout son sens à l'idée que faire l'expérience de ces propriétés ne requiert pas le déploiement des concepts pertinents.

La théorie dynamique nous paraît à la fois audacieuse et prometteuse. Elle n'est bien sûr qu'esquissée ici et devra sans doute relever de nombreux défis. En guise de conclusion, nous mentionnerons trois de ces défis. D'abord, dans la mesure où elle fait appel aux sensations corporelles, notre approche dépend, à l'instar des théories d'inspiration jamesienne, de la possibilité de recruter des substituts simulés en l'absence des réponses périphériques pertinentes pour rendre compte des épisodes affectifs ayant lieu en leur absence[1]. Ensuite, nous avons insisté tout au long de cette introduction sur le fait qu'une théorie des émotions doit être à même de rendre compte de la manière dont on individue les types d'émotions et, enfin, qu'elle ne peut élucider le lien des émotions à l'action directement en termes de désirs. La théorie dynamique est-elle à même de relever ces deux derniers défis ? En ce qui concerne l'individuation des émotions, sa viabilité repose sur l'existence d'un nombre de configurations de sensations corporelles ou d'émotions de base au moins équivalent au nombre d'émotions pour lesquelles la stratégie en terme de présentation de valeur au moyen de la mobilisation du corps ressenti se doit

---

1. Voir *supra*, p. 57-62, « Les émotions et le corps ressenti ».

d'être déployée. Nous avons des raisons de penser que tel est le cas pour un nombre significatif de valeurs. Rien de ce qui précède n'implique cependant qu'elle doive être suivie pour toutes les valeurs, par exemple certaines valeurs politiques (la liberté) ou épistémiques (le convaincant). Pour ces valeurs, des stratégies complémentaires devront être suivies. L'une consiste en l'application de la stratégie de la calibration introduite plus haut pour opérer certaines fines distinctions. Une autre consiste à affirmer que les émotions donnent accès à des valeurs *déterminables* – dont le nombre dérivera des cas où l'approche en termes de mobilisation du corps ressenti s'imposera –, alors que d'autres explications et mécanismes seront recrutés pour rendre compte de notre accès aux valeurs *déterminées*. Quoi qu'il en soit, la théorie dynamique s'intègre élégamment aux conclusions auxquelles la discussion concernant l'individuation des émotions nous a conduit. Finalement, pour ce qui regarde les désirs, soulignons que si cette théorie lie étroitement émotions et action – sensations corporelles et mobilisation du corps face aux défis posés par l'environnement –, cette explication n'introduit pas de désirs constitutifs des émotions. Ceux-ci sont bien plutôt motivés par les émotions comme expériences *sui generis* et dynamiques d'un monde de valeurs.

TEXTES ET COMMENTAIRES

TEXTE 1

David Hume
*Les valeurs et les émotions**

L'hypothèse que j'embrasse est simple. Elle tient que la moralité est déterminée par le sentiment. Elle définit la vertu comme étant *toute action ou toute qualité qui donne au spectateur un sentiment plaisant d'approbation*; et le contraire pour le vice. Je passe ensuite à l'examen d'un fait simple: quelles actions ont cette influence? Je considère toutes les circonstances par lesquelles ces actions s'accordent et à partir de là j'essaye d'extraire certaines observations générales touchant ces sentiments. [...]

Cette doctrine deviendra plus évidente encore si nous comparons la beauté morale à la beauté naturelle à laquelle elle ressemble si étroitement, par tant d'aspects. C'est de la proportion, de la relation et de l'arrangement des parties que toute beauté naturelle dépend; mais il serait absurde d'en conclure que la perception de la beauté, à l'instar de la percep-

* D. Hume, *Essais et traités sur plusieurs sujets*, vol. IV, trad. fr. M. Malherbe, Paris, Vrin, 2002, extraits de «Enquête sur les principes de la morale», Appendice 1, Sur le sentiment moral, p. 144-147.

tion de la vérité dans les problèmes de géométrie, est toute
entière dans la perception des relations et qu'elle est l'œuvre
du seul entendement ou des seules facultés intellectuelles. Dans
toutes les sciences, notre esprit partant des relations connues,
recherche celles qui sont inconnues. Mais dans toutes les
décisions de goût, et qui ont trait à la beauté externe, toutes les
relations sont d'abord sous nos yeux; et de là nous venons à
éprouver un sentiment de complaisance ou de dégoût, selon la
nature de l'objet et la disposition de nos organes.

EUCLIDE a parfaitement expliqué toutes les qualités du
cercle, mais dans aucune de ses propositions il n'a dit mot de la
beauté de cette figure. La raison en est évidente. La beauté
n'est pas une qualité du cercle. Elle ne réside dans aucune
partie de cette courbe dont tous les points sont à égale distance
d'un centre commun. Elle est seulement l'effet que produit
cette figure sur notre esprit, dont la conformation et la structure sont ainsi faites qu'il est capable de tels sentiments. En
vain iriez-vous la chercher dans le cercle lui-même; en vain,
par le moyen de vos sens ou par des raisonnements mathéma-
tiques, tenteriez-vous de la trouver dans toutes les propriétés
de cette figure.

Écoutez PALLADIO et PERRAULT vous expliquer toutes les
parties et toutes les proportions d'une colonne. Ils parlent de
la corniche, de la frise, de la base, de l'entablement, du fût et
de l'architrave, et ils donnent la description et la position
de chacun de ces éléments. Mais si vous leur demandiez la
description et la place de la beauté de la colonne, ils vous
répondraient sur le champ que la beauté n'est dans aucune
de ses parties ni de ses éléments, mais qu'elle résulte de
l'ensemble, quand cette figure complexe s'offre à un esprit
intelligent et capable de ces sensations délicates. Jusqu'à ce
que paraisse un tel spectateur, il n'y a qu'une figure dotée de

certaines dimensions et proportions : l'élégance et la beauté ne naîtront que de ses sentiments.

Écoutez maintenant CICÉRON quand il peint les crimes d'un VERRES ou d'un CATILINA. Vous devez avouer que la turpitude morale résulte pareillement de la considération de l'ensemble quand il est présenté à un être dont les organes ont une structure et une conformation particulière donnée. L'orateur peut peindre d'un côté la fureur, l'insolence et la barbarie, de l'autre côté la douceur, la souffrance, le chagrin et l'innocence. Mais si vous ne sentez ni indignation ni compassion à la vue de ce tableau, en vain lui demanderiez-vous en quoi consiste le crime ou la scélératesse contre laquelle il s'élève avec tant de véhémence, en quel temps et à quel sujet ce crime a commencé d'exister, et ce qu'il en est advenu quelques mois plus tard, lorsque toutes les dispositions et les pensées des acteurs sont totalement changées ou effacées. Aucune réponse satisfaisante ne peut être donnée à toutes ces questions si l'on tient à l'hypothèse morale abstraite ; et nous devons à la fin avouer que le crime et l'immoralité ne sont point des faits ou des relations particulières qui seraient les objets de l'entendement, mais qu'elles naissent entièrement du sentiment de désapprobation que par la constitution même de la nature humaine nous éprouvons inévitablement à la vue de la barbarie et de la perfidie.

COMMENTAIRE

Si, comme nous, vous êtes saisis d'admiration devant les quelques pages de Hume qui précèdent, et si par ailleurs vous en approuvez le contenu, il vous faudra accepter que rien, dans celles-ci, ne justifie votre admiration. Si elles ont quelque chose d'admirable, semble affirmer Hume, c'est uniquement parce que vous les admirez. Ceci est simplement la généralisation de ce qu'il avance à propos de l'appréciation esthétique. La beauté du cercle, tout comme le caractère admirable de sa prose, «est seulement l'effet [qu'ils produisent] sur notre esprit, dont la conformation et la structure sont ainsi faites qu'il est capable de tels sentiments».

La position humienne, bien qu'elle soit sujette à de nombreuses controverses que nous n'aborderons pas ici, est claire sur deux points. Les valeurs sont non seulement analysables, elles le sont en termes de réponses affectives. Qu'est-ce qui motive l'idée selon laquelle il existe un lien aussi étroit entre valeurs et réponses affectives ? Pour répondre, il suffit de passer en revue le langage axiologique et de constater que bien des termes par lesquels nous désignons les valeurs dérivent des termes employés pour désigner ces réponses. Par exemple, on dit d'une chose qu'elle est honteuse, dégoûtante, amusante, étonnante, triste, regrettable, embarrassante, méprisable, admirable, etc.

Cette thèse est donc d'emblée séduisante, d'autant plus qu'elle promet de dissoudre deux difficultés potentielles. D'abord, analyser les valeurs en termes de réponses affectives, c'est lever le voile de mystère qui paraît recouvrir de telles propriétés. En effet, elles ne semblent après tout être ni des objets ordinaires de la perception, ni inférées à partir de celle-ci. Ensuite, puisque nous sommes capables de telles réponses, on se donne les moyens de rendre compte de la position épistémique favorable que nous occupons à l'égard des valeurs. Cependant, même si l'on admet avec Hume que celles-ci sont analysables en termes de réponses affectives, il est bien sûr possible de spécifier diversement les types de sujets et de réponses affectives pertinents. Nous nous proposons, dans ce commentaire, d'évaluer quelques manières contemporaines de développer l'idée selon laquelle, d'un point de vue métaphysique, les valeurs sont en lien avec les émotions. Bien que n'étant qu'une option parmi d'autres, la position humienne nous servira de fil conducteur.

Prenons donc comme point de départ l'affirmation selon laquelle les valeurs sont analysables en termes de réponses affectives. Il faut dès lors se demander si référence est faite à des réponses quelconques, ou à celles qu'il faudrait avoir dans les circonstances, c'est-à-dire des réponses *normativement qualifiées*.

Les valeurs sont analysables …	
… en termes de réponses affectives sans qualification normative [*Vous êtes ici*]	… en termes de réponses affectives normativement qualifiées

Qu'est-ce que cela signifie? Une réponse est normativement qualifiée si elle est spécifiée comme *requise* ou *appropriée* par les circonstances dans lesquelles le sujet se trouve[1]. Or, bien que la mention par Hume de réponses inhérentes à « la constitution même de la nature humaine » soit évocatrice, elle ne nous éclaire pas beaucoup. Dans ces passages, l'absence de langage normatif semble cependant indiquer qu'il cherche à analyser les valeurs en termes de réponses affectives sans les qualifier normativement. Si tel est le cas, est-ce à dire que toutes les réponses affectives sont également pertinentes ? Pas nécessairement.

... en termes de réponses affectives sans qualification normative	
Réponses affectives actuelles	Dispositions à causer des réponses affectives

La première option consiste à identifier la classe des réponses pertinentes à celles des réponses *actuelles* d'un quelconque sujet. Par exemple, tel tableau est admirable si et seulement si Max ressent de l'admiration à sa vue. La seconde option procède à l'analyse non pas directement en termes de réponses actuelles, mais de *dispositions* à les causer. Le tableau est par exemple admirable si certaines créatures, disons les hommes, sont disposées dans certaines circonstances à ressentir de l'admiration lorsqu'elles y font face. Notez que l'on peut épouser différentes formes de cette dernière option en faisant varier les classes de sujets, de réponses et de circonstances pertinentes dans la spécification de la disposition en jeu. Une manière courante de la développer consiste à parler d'inclinations normales à une certaine réponse affective, ces inclinations étant comprises en termes statistiques au sein

---

1. Notez que le terme « approprié » accepte, comme les valeurs, des degrés, alors que, comme les normes, quelque chose est « requis » ou ne l'est pas. Cette distinction, cruciale dans d'autres contextes, ne nous retiendra pas ici.

d'une certaine population. Un raffinement possible, communément discuté à l'époque de Hume, qualifie la classe de réponses pertinentes par recours à un « spectateur impartial ». Les statistiques ne portent alors que sur les réponses exemplifiées par des sujets bien informés et aucunement biaisés par leurs liens à l'objet auquel ils répondent. Soulignons ici que la viabilité de cette option requiert d'expliquer les notions de « normalité » et d'« impartialité » de manière non normative.

Comme nous allons le constater, la première option débouche sur un subjectivisme radical, tandis que l'autre peut être comprise comme une forme de subjectivisme modéré.

… en termes de réponses affectives sans qualification normative	
Réponses affectives actuelles (subjectivisme radical)	Dispositions à causer des réponses affectives (subjectivisme modéré)

En effet, si les valeurs ne sont rien d'autre que l'occurrence d'une certaine réponse affective, à savoir que telle chose est admirable parce qu'admirée par Jean, le subjectivisme est radical dans le sens où il n'existe aucun espace pour un désaccord entre la valeur de l'objet et la réponse actuelle du sujet. Il ne peut simplement pas se tromper. Or, si ce point de vue est aujourd'hui régulièrement exprimé, il nous semble être au mieux une position de dernier recours dans la mesure où il ne peut aucunement rendre compte de nos pratiques évaluatives et normatives. Nos disputes quotidiennes, auxquelles nous attachons tant d'importance, sont dès lors simplement vidées de tout sens[1].

---

1. Beaucoup ont insisté sur ce point, voir en particulier S. Blackburn, *Ruling Passions*, New York, Oxford UP, 1998.

Faire appel aux dispositions est la façon la plus courante d'ouvrir un tel espace et permettre à travers lui peut-être de faire sens de ces disputes. Dans ce modèle dispositionnaliste, il devient en effet possible de répondre d'une manière donnée à un objet sans pour autant que celui-ci possède la valeur pertinente, de même qu'il est possible que l'objet possède la valeur sans qu'un sujet donné y réponde de manière pertinente. Ceci peut arriver lorsque, pour une quelconque raison, la réponse affective ne correspond pas à celle que l'objet est disposé à causer. On peut par exemple ne pas admirer un tableau peint par un débiteur récalcitrant, alors que celui-ci est somptueux (les sujets pertinents l'admirent), ou au contraire admirer une toile d'un de nos aïeux, alors qu'il s'agit d'une croûte (ils y sont au mieux indifférents). C'est dans ce sens que l'on peut parler ici d'une forme de subjectivisme modéré, dont la marque est cette relative indépendance entre exemplification d'une propriété axiologique et occurrence d'une réponse affective. Notez ici deux choses. D'abord, étant donné cette relative indépendance, on aurait tout autant de raisons de considérer le modèle dispositionnaliste comme une forme d'objectivisme modéré. Ensuite, le subjectivisme modéré, au contraire de sa version radicale, peut tout à fait interpréter l'inadéquation possible entre réponse affective et valeur comme provenant du fait que ces réponses sont des états mentaux qui, à l'instar des croyances, *représentent* le monde, ce qui bien sûr ne va pas sans risque d'erreur.

Peut-on assimiler la position de Hume à l'une des deux formes de subjectivisme envisagées? Il exprime clairement l'idée selon laquelle une œuvre ne saurait avoir de qualités esthétiques sans qu'il soit fait appel à nos sentiments: «jusqu'à ce que paraisse un tel spectateur, il n'y a qu'une figure dotée de certaines dimensions et proportions: l'élégance et la beauté ne naîtront que de ses sentiments ». Si Hume ne faisait par ce biais référence qu'aux réponses actuelles de ce spectateur, il souscrirait à un subjectivisme incapable de rendre compte de nos différends évaluatifs. Ceci n'est cependant pas le cas, puisqu'il insiste sur le fait que, pour être pertinente, une réponse affective doit satisfaire certaines contraintes, avant tout lorsque les valeurs concernées sont morales. Il faut en particulier que le sujet « se détache de sa situation personnelle et particulière [...]; il faut qu'il mette en mouvement quelque principe universel de la constitution humaine et qu'il touche une corde qui vibre à l'unisson dans tous les cœurs »[1]. À défaut d'interpréter ces contraintes de manière normative, ce qui conduirait à l'inscrire dans le cadre des théories que nous allons discuter plus bas, la position de Hume peut être comprise comme une forme de subjectivisme modéré dans le sens suggéré.

Nous n'avons naturellement pas ici la prétention de traiter en détail la manière dont il convient de développer l'idée d'un tel spectateur. Le point sur lequel nous voulons insister est que, dans une telle perspective, le fait que tel objet ou situation possède une propriété axiologique donnée dépend en dernière instance d'un fait psychologique brut. Si notre psychologie était un tant soit peu différente, alors la distribution des propriétés axiologiques varierait. Par exemple, à supposer que les hommes n'aient pas été disposés à répondre par de l'indignation à « la fureur, l'insolence et la barbarie », il n'y aurait alors rien de mauvais à torturer un nourrisson. Or, certains d'entre nous voudront au moins envisager la possibilité qu'une telle indifférence à la barbarie soit compatible avec la présence

---

1. D. Hume, *op. cit.*, « Enquête sur les principes de la morale », chap. 9, p. 120.

du caractère injuste ou scandaleux d'un tel traitement. Ceci revient à dire que l'espace ouvert par le modèle disposition-naliste ne suffit pas pour rendre compte de nos pratiques normatives.

Si l'on cherche à poursuivre le programme humien, l'échec du dispositionnalisme conduit donc à explorer l'option mise entre parenthèses plus haut consistant à analyser les valeurs en termes de réponses qualifiées normativement. De ce point de vue, les problèmes rencontrés par le dispositionna-lisme proviennent du fait que les réponses envisagées ne sont pas *nécessairement* appropriées, c'est-à-dire celles que les circonstances requièrent ou méritent. Cette alternative s'inscrit toujours dans le cadre humien, puisqu'il s'agit d'analyser les propriétés axiologiques en termes de réponses affectives. Mais il est maintenant fait recours à un spectateur qui nous révèle les réponses que les circonstances méritent en répondant toujours de manière appropriée. Peut-être est-ce même ce que Hume a en tête lorsqu'il parle d'« esprit intelligent » et de « sensations délicates ». L'espoir est alors que, lorsque des circonstances suscitent certaines réponses, on puisse ne pas le considérer comme un fait brut. Notez que, dans le modèle disposition-naliste, les dispositions étaient introduites afin de filtrer les réponses pertinentes. Cette tâche est maintenant dévolue à une propriété normative des réponses elles-mêmes. C'est ce qu'on pourrait appeler la « stratégie de la patate chaude » (*buck passing*).

... en termes de réponses affectives normativement qualifiées ...	
... auxquelles la responsabilité est déléguée (stratégie de la patate chaude) [*Vous êtes ici*]	... qui partagent la responsabilité avec ce à quoi elles répondent

La stratégie de la patate chaude consiste donc à déléguer la responsabilité de la manière suivante : les valeurs sont analysées en termes de réponses affectives requises ou appropriées. On dira alors par exemple qu'un objet est admirable si et seulement si l'admirer est une réponse appropriée. L'ordre d'explication va ici du caractère approprié d'une réponse à la valeur : c'est parce que la réponse est appropriée que l'objet l'exemplifie. Mais que signifie pour une réponse d'être appropriée ? Les possibilités sont nombreuses, aussi ne retiendrons-nous ici que deux familles de réponses principales.

… en termes de réponses normativement qualifiées auxquelles la responsabilité est déléguée	
Normes infra-rationnelles [*Vous êtes ici*]	Normes rationnelles

Une position faisant appel à une normativité infra-rationnelle affirme qu'un objet possède une certaine valeur si et seulement si une réponse est appropriée, dans le sens où elle favorise la *fitness* biologique de la créature en question[1]. Les réponses sont ici normativement qualifiées dans la mesure où elles doivent obéir à des contraintes dérivées du processus de sélection naturelle ; cette position délègue donc la responsabilité de déterminer la valeur à une normativité spécifique, qui n'a pas de prise sur des considérations rationnelles que les sujets pourraient déployer. On dira alors que la peur des tarentules est appropriée pour les hommes, tandis que la peur des araignées européennes ne l'est pas, car répondre de cette manière ne correspond pas à la fonction dévolue par notre biologie à la peur. Cette option se distingue de la stratégie dispositionnaliste en cela qu'une réponse favorisant la *fitness* biologique n'est pas nécessairement statistiquement répandue (elle

---

1. Pour un exemple significatif, voir M. Ruse et O. Wilson, « Moral Philosophy as Applied Science », *Philosophy*, 61, n° 236, 1986, p. 173-192.

peut être rarement exemplifiée par les membres d'une espèce), de même qu'une réponse statistiquement répandue peut aller à l'encontre de la *fitness*.

Au-delà des difficultés qui se posent dès lors que l'on cherche à déterminer les fonctions biologiques, notons que le domaine qui nous occupe ici rend cette tâche particulièrement complexe. Si la fonction du cœur est claire, celle de ses élans l'est beaucoup moins. Indépendamment de ces considérations, rappelons l'objectif poursuivi par celui qui introduit une qualification normative sur les réponses. L'espoir était de rendre compte de possibles divergences entre faits axiologiques et réponses. Or, ce qui favorise la survie n'a souvent qu'un lointain rapport avec les considérations axiologiques ou normatives qui nous paraissent s'appliquer aux circonstances. Il est ainsi aisé d'imaginer un contexte dans lequel le dégoût de l'étranger favorise la survie d'un certain individu ou d'un groupe, il n'en demeure pas moins que ces considérations paraissent totalement non pertinentes pour déterminer si l'étranger mérite une telle réponse. Nous verrons que ce problème affecte également d'autres formes de la stratégie de la patate chaude. Tournons-nous maintenant vers celles-ci.

… en termes de réponses normativement qualifiées auxquelles la responsabilité est déléguée	
Normes infra-rationnelles	Normes rationnelles [*Vous êtes ici*]

L'autre forme principale de cette stratégie consiste à faire appel à des normes rationnelles. Les réponses sont alors dites appropriées lorsqu'elles satisfont certaines normes que le sujet déploie ou peut déployer dans les situations pertinentes. L'idée est qu'un processus de détermination soumis à des contraintes normatives dérivées de l'exercice de nos capacités rationnelles fixe la valeur de l'objet. Si, par exemple, exercer ces capacités nous conduit à considérer un meurtre comme une raison *prima facie* de s'indigner, alors tel coup de couteau mortel constituera pour le sujet une raison de s'indigner. Bien entendu, ces processus rationnels d'établissement des normes et des raisons pertinentes peuvent être fort complexes. Ils impliqueront parfois la prise en considération des antécédents, la collecte de témoignages, la participation de certaines institutions, des débats contradictoires, etc. Qu'ils soient immédiats ou plus complexes, un processus de détermination de la norme et une procédure pour son application doivent exister, puisqu'ils déterminent conjointement si les raisons à la lumière desquelles une réponse est appropriée sont présentes. Si tel est le cas, l'objet possède la propriété axiologique pertinente, puisque la réponse satisfait la norme en vertu de ces raisons. Le fait qu'un enfant soit maltraité constitue ainsi une raison pour s'indigner en vertu de la norme selon laquelle la maltraitance est une raison de s'indigner; cette norme rend l'indignation appropriée et son caractère approprié détermine la valeur de l'objet. Le défenseur de cette option considère donc que les raisons priment sur les valeurs[1] : c'est par le biais des normes rationnelles que les valeurs sont constituées.

Il est aisé de comprendre ce qui motive cette manière spécifique de déléguer la responsabilité aux normes. En effet, pour celui qui considère l'idée qu'il existe des propriétés axiologiques entièrement indépendantes des sujets comme trop audacieuse, faire ainsi appel aux normes déployées par la raison paraît plus satisfaisant que les positions considérées

---

1. Voir en particulier T. Scanlon, *What we Owe to Each Other*, Harvard, Harvard UP, 1998, chap. 1-2.

jusqu'ici. Bien que cette option soit ouverte, elle fait cependant face à de sérieux problèmes. En effet, comment fixer les
normes pertinentes pour déterminer les raisons constitutives
des valeurs si l'examen porte sur leur ontologie ?

L'espoir est ici que l'exercice de la raison est nécessaire et
suffisant à la fixation de ces normes. Que l'on ait une conception conservatrice ou plus libérale de la raison, il est cependant
permis de douter, avec Hume, que nos jugements de valeur
portent sur « des faits ou des relations particulières qui seraient
les objets de l'entendement ». Mais même si l'on écarte ces
doutes, un problème de taille introduit par l'expérience de
pensée suivante demeure. Imaginez que nous devions témoi-
gner de l'admiration au démon qui nous gouverne sous peine
des plus atroces châtiments. Dans un tel monde, nous aurions
tous d'excellentes raisons pour admirer ce démon et cette
réponse serait dans cette mesure appropriée. Cependant, il
semble que nos intuitions selon lesquelles l'existence de
raisons de ce type est compatible avec le caractère détestable
du démon demeurent très vives. Ou encore, imaginez que,
lors d'un dîner, une blague soit faite aux dépens de l'un des
convives[1]. Si l'amusement est ici approprié pour certaines
raisons, il ne l'est pas pour d'autres – la blague est après tout
cruelle. Ce que suggèrent ces exemples, c'est qu'il existe
différents types de raisons et de normes rationnelles[2]. Il y a
des normes et des raisons prudentielles dont l'existence est
illustrée par le premier exemple, ainsi que des normes morales
peut-être présentes dans le second. L'analyse proposée pèche

1. Pour cet exemple, voir J. D'Arms et D. Jacobson, *op. cit.*, p. 731.
2. Voir J. D'Arms et D. Jacobson, *op. cit.*, et W. Rabinowicz et T. Ronnow-
Rasmussen, « The Strike of the Demon : On Fitting Pro-attitudes and Value »,
Ethics 114, 2004, p. 391-423.

en ce qu'elle ne précise pas en quel sens une réponse doit être appropriée pour être pertinente à la fixation de la valeur de l'objet. Toutes les réponses citées sont conformes à certaines normes rationnelles, mais sont toutefois incompatibles.

Comment trancher ? Les intuitions à l'œuvre dans nos attitudes par rapport à ces exemples révèlent que les réponses pertinentes doivent satisfaire non pas des normes prudentielles ou morales, mais d'autres contraintes qui sont, elles, d'ordre sémantique, et que l'on peut simplement appeler *conditions de correction*[1]. Ces dernières spécifient les conditions qui doivent être remplies pour que l'émotion corresponde à son objet. Et c'est seulement en faisant appel à des réponses satisfaisant ces conditions que l'analyse en question est en position de déterminer le sous-ensemble de réponses rationnelles pertinentes pour la fixation de la valeur de l'objet[2].

Cette distinction entre normes de la rationalité et conditions de correction peut-elle être respectée au sein de la stratégie de la patate chaude ? Une issue envisageable pour celle-ci consiste à distinguer, d'une part, les raisons liées au *contenu* d'une certaine attitude vis-à-vis d'un objet donné et, d'autre part, des raisons liées à l'*attitude* vis-à-vis de cet objet. Dans l'exemple du démon, nous avons des « raisons en faveur d'une attitude » (admirer le démon), mais aucune « raison en faveur du contenu » de l'attitude (le démon est admirable). Inversement, dans l'exemple de la blague, nous avons des raisons à

---

1. Pour cette distinction, voir *supra*, p. 10-12, « La normativité et ses formes ».

2. Sur la notion non normative de conditions de corrections, voir K. Mulligan, « Intentionality, Knowledge and Formal Objects », art. cit., et C. Tappolet, « Values and Emotions : Neo-sentimentalism's Prospects », à paraître.

l'encontre d'une attitude (l'amusement), mais des raisons en faveur de son contenu (la blague est amusante). Il est alors tentant de considérer que les raisons pertinentes pour la fixation de la valeur de l'objet sont les raisons en faveur du contenu des attitudes et non pas celles en faveur des attitudes elles-mêmes. Cette stratégie paraît aller dans la bonne direction, mais est-elle conciliable avec le programme théorique dans lequel elle s'inscrit?

Il convient en effet de se demander ce qui fait d'une « raison en faveur d'un contenu » la raison pertinente. Il est difficile ici, nous semble-t-il, de résister à la tentation de pointer vers les propriétés axiologiques de l'objet lui-même. Cela revient par exemple à dire que le tableau est admirable si et seulement s'il donne des raisons en faveur du contenu d'une réponse d'admiration *en vertu de ses propriétés axiologiques positives*[1]. Or, comment interpréter cette réponse si ce n'est comme un renoncement à la délégation de la responsabilité? En dernière analyse, ce sont bel et bien les propriétés axiologiques de l'objet plutôt qu'une propriété de la réponse affective auxquelles il est fait appel pour fixer la classe de réponses pertinentes. Et cette manœuvre n'est bien sûr pas dans l'esprit de la stratégie de la patate chaude.

À ce stade, si l'on peine à assumer pleinement la conséquence de ces considérations, c'est-à-dire à accepter l'idée que les émotions sont des réponses à des propriétés axiologiques indépendantes d'elles, une seule option demeure ouverte. Elle consiste à répartir équitablement entre le monde et les réponses affectives le rôle de fixer la valeur de l'objet.

---

1. Voir la défense explicite de cette stratégie par S. Danielsson et J. Olson, « Brentano and the Buck-Passers », *Mind* 106, 2007, p. 511-522.

En termes de réponses affectives normativement qualifiées	
auxquelles la responsabilité est déléguée (stratégie de la patate chaude)	qui partagent la responsabilité avec ce à quoi elles répondent [*Vous êtes ici*]

Cette option consiste ainsi à nier qu'il existe un quelconque ordre de priorité entre réponse appropriée et propriété axiologique de l'objet[1]. On considère alors comme une vertu la circularité évidente de la position : il n'y aurait rien de problématique à affirmer à la fois qu'un objet possède une valeur, parce que nous y répondons de la bonne manière et, en même temps, d'estimer que nous y répondons de la bonne manière, parce qu'il possède cette valeur. Pour Wiggins, par exemple, les valeurs sont essentiellement anthropocentriques : il est pour cette raison nécessaire « d'élucider le concept de valeur en révélant son lien effectif [*actual involvement*] avec les sentiments. Nous n'aurions pas [...] suffisamment élucidé ce qu'est la valeur sans un tel détour »[2]. Notez que ce passage est ambigu en ce qu'il oscille entre une thèse conceptuelle et une thèse ontologique ; dire que notre concept d'offense, par exemple, est en lien effectif avec le concept d'une réponse de colère est une chose, dire que la propriété d'être offensant est dans un tel lien avec la propriété d'être en colère en est une autre. Quelle que soit la position de Wiggins sur ce point, il est intéressant de nous pencher sur la lecture ontologique. Une manière de la développer consiste à affirmer que les *dispositions* affectives jouent le double rôle de déterminer la valeur

1. D. Wiggins, « A Sensible Subjectivism ? », dans D. Wiggins, *Needs, Values, Truth*, New York, Oxford UP, 1987, p. 185-214 ; J. McDowell, « Valeurs et qualités secondes », dans R. Ogien (dir.), *Le Réalisme moral*, trad. fr. A. Ogien, Paris, PUF, 1999.

2. D. Wiggins, *op. cit.*, p. 189.

et de fixer de ce fait les conditions de correction des *épisodes* affectifs[1]. Par exemple, l'affection de Justin pour Yvonne rend approprié l'espoir qu'il nourrit quant à la réception positive du livre qu'elle vient de publier. De même, si Benoît déteste le vase qui se trouve sur la table, il est inapproprié qu'il soit triste lorsque le vase se brise. Comme l'illustrent ces exemples, le domaine affectif est structuré de manière interne par des liens rationnels forts régissant le caractère approprié des réponses. Les dispositions affectives contraignent ce qu'il est approprié de ressentir dans telle ou telle circonstance. Ainsi, le cercle sera considéré vertueux dans la mesure où les émotions tout à la fois *constituent* les valeurs et y *répondent*.

À défaut d'assumer une forme de réalisme à propos des valeurs, c'est cette dernière option qu'il convient de développer. Sa vertu principale consiste à mettre le doigt sur le rôle fondateur des émotions dans nos rapports aux valeurs, ainsi que sur les liens internes qui structurent le domaine affectif. Toutefois, on ne voit pas comment cette option peut échapper aux difficultés rencontrées par la précédente, comme une simple modification de l'expérience de pensée du démon le met en évidence. Imaginez, en effet, que la présence du démon engendre des dispositions à l'admirer ou, plus généralement, à y répondre affectivement de manière positive. Le défenseur de cette option est alors forcé de considérer les épisodes affectifs pertinents comme appropriés. Mais, s'ils le sont en un certain sens (prudentiel), ils ne le sont clairement pas en ce qui concerne la satisfaction des conditions de correction dont nous parlions plus haut. L'option consistant à répartir la responsabilité, du moins si elle est ainsi développée, n'est donc pas

---

1. B. Helm, *Emotional Reason*, Cambridge, Cambridge UP, 2001.

viable. Doit-on désespérer et conclure que le programme humien est irréalisable ?

Ce programme contenait deux promesses importantes. D'abord, en suggérant que les valeurs sont analysables en termes de réponses affectives, il promettait de lever le voile de mystère entourant les propriétés axiologiques. Ensuite, le recours aux réponses affectives permettait de leur attribuer une place centrale dans l'accès aux valeurs. Quelles conséquences pour ce programme découlent des problèmes rencontrés par les différentes manières d'analyser les valeurs en termes d'émotions ? Pour répondre à cette question, il nous faut envisager des options que nous avons jusqu'à présent négligées. Quelles sont-elles ? D'abord, on peut accepter avec Hume que les valeurs peuvent s'analyser, mais renoncer à l'idée que cette analyse doive procéder en termes de propriétés psychologiques. Ensuite, et plus radicalement, on peut rejeter l'idée même selon laquelle les valeurs sont analysables.

Qu'est-ce qu'une valeur ?		
Analysable		Non analysable
En termes de réponses affectives	En termes d'autres propriétés	Propriétés *sui generis*
		[*Vous êtes ici*]

Les deux options restantes ont ceci en commun qu'elles tirent les leçons des critiques précédentes pour considérer les valeurs comme indépendantes des réponses affectives. Bien sûr, il ne s'agit pas d'affirmer que les propriétés axiologiques sont complètement indépendantes de tout autre type de propriété. Les théories contemporaines s'inscrivant dans le cadre de ces options partagent au contraire l'idée qu'elles entretiennent des liens étroits avec les propriétés naturelles des objets qui les exemplifient. Elles cherchent ainsi à satisfaire une intuition fondamentale : si un objet quelconque possédant

certaines propriétés physiques exemplifie une propriété axiologique donnée, alors un duplicat parfait de cet objet l'exem-
plifiera également[1]. À titre de simple illustration, supposons
qu'une certaine distribution de richesses soit juste. Une répartition exemplifiant les mêmes propriétés naturelles (allocation
identique aux membres, etc.) sera également juste. On dira ici
que les propriétés axiologiques *surviennent*[2] sur les propriétés
naturelles.

La différence entre les deux options provient des conclusions auxquelles elles aboutissent au sujet de la survenance, à
la lumière de considérations générales portant sur la nature des
propriétés. Ces considérations se basent sur la constatation
qu'il est vain de rechercher des propriétés naturelles communes
à l'ensemble des (types de) situations sur lesquelles survient
une propriété axiologique donnée. Par exemple, qu'y a-t-il de
commun à ce niveau entre la prose de Hume, le pas de la
gazelle et la piazza Navona qui tous, pourtant, sont élégants?
Si l'idée qu'il existe des propriétés dites hautement « disjonctives » (être élégant, c'est exemplifier *soit* les propriétés
naturelles du pas de la gazelle, *soit* celles de la prose de Hume,
etc.) ne répugne pas, on considérera que les propriétés axiologiques sont analysables en termes de propriétés naturelles[3].
Dans ce cas, au niveau ontologique, les propriétés axiologiques ne sont rien d'autre que des propriétés naturelles. Si, en
revanche, on considère que certaines contraintes pèsent sur ce
qui peut être compté au nombre des propriétés (pour rejeter en

1. Pour une formulation influente de ce point, voir G.E. Moore, *Principia
Ethica*, trad. fr. M. Gouverneur, Paris, PUF, 1998.

2. Sur les différentes manières d'interpréter la survenance dans ce
contexte, voir F. Jackson, *From Metaphysics to Ethics*, New York, Oxford UP,
1998, en particulier chap. 1.

3. Pour une défense de cette position, voir F. Jackson, *op. cit.*

particulier l'idée de propriétés disjonctives), on soutiendra alors que les propriétés axiologiques sont des propriétés *sui generis* distinctes des propriétés naturelles sur lesquelles elles surviennent[1].

Que l'on penche en faveur de l'une ou l'autre de ces deux options, elles constituent toutes deux une forme de réalisme à propos des valeurs. Et c'est dans ce cadre seulement, c'est-à-dire en refusant de les analyser en termes de réponses affectives, qu'il devient possible d'échapper aux difficultés chroniques qui affectent les positions précédemment discutées. Est-ce à dire que l'on a renoncé alors à toutes les vertus attachées au programme de Hume ? Pas nécessairement. D'abord, en mettant l'accent sur l'ancrage des propriétés axiologiques dans les propriétés naturelles, ces options se donnent les outils pour lever le voile de mystère qui est supposé les entourer. Ensuite, si les valeurs existent en effet indépendamment des réponses affectives, cela n'implique aucunement de rejeter l'idée que ces dernières constituent une route épistémique privilégiée pour leur connaissance.

Toute la question est alors de mieux comprendre cette idée de « route épistémique privilégiée ». Si le réalisme axiologique entraîne qu'il existe différentes routes épistémiques vers les valeurs, force est peut-être d'admettre que les émotions sont simplement une manière parmi d'autres d'y accéder. Doit-on alors conclure que les valeurs pour Spock, un être dénué d'affects mais capable de jugements axiologiques fiables, jouent dans sa vie un rôle identique à celui qu'elles jouent dans la nôtre ? N'est-il pas juste pourtant de dire que le sens qu'il y a, par exemple, à rechercher le vrai, à entreprendre

---

1. Cette position est défendue dans G.E. Moore, *op. cit.*, et G. Oddie, *Value, Reality, and Desire*, New York, Oxford UP, 2005, chap. 6.

un voyage lointain ou à fuir la solitude dépend fondamentalement du fait que les objets de ces attitudes méritent certaines
joies et certaines peines dont sans cesse nous renouvelons
l'expérience? L'attraction et la répulsion que suscitent les
valeurs et qui structurent notre vie pratique sont-elles si aisément dissociables de la variété des plaisirs et des peines qu'elles
méritent et à travers lesquelles elles nous sont en principe
données? Si vous inclinez vers les mêmes réponses que nous
à ces questions, il faut conclure que, s'il fait sens de dire
que Spock possède des raisons de rechercher ou d'éviter ces
mêmes objets, leur entière indépendance de toute vie affective
nous les rend difficilement intelligibles. Comprise de cette
manière, nous partageons l'intuition de Hume selon laquelle
les valeurs sont pour nous ce qu'elles sont en vertu de leurs
liens effectifs avec nos vies affectives.

TEXTE 2

John Rawls
*Les caractéristiques des sentiments moraux**

Les caractéristiques principales des sentiments moraux seront peut-être le mieux élucidées en examinant les diverses questions qu'ils soulèvent quand on veut les définir ainsi que les différences par lesquelles ils se manifestent. Il vaut la peine d'observer comment ils se distinguent les uns des autres ainsi que des attitudes et des émotions naturelles avec lesquelles ils risquent de se confondre. Tout d'abord surgissent les questions suivantes. (a) Quelles sont les expressions linguistiques utilisées pour formuler un sentiment moral particulier et les variations significatives, s'il y en a, dans ces expressions ? (b) Quelles sont les indications comportementales caractéristiques d'un sentiment donné et de quelles façons typiques un individu révèle-t-il ce qu'il ressent ? (c) Quelles sont les sensations kinesthésiques caractéristiques, s'il y en a, qui sont liées aux émotions morales ? [...] (d) Quel est le type définitif d'explication nécessaire pour avoir un sentiment moral et comment ces explications diffèrent-elles d'un sentiment à un

* J. Rawls, *Théorie de la justice*, trad. fr. C. Audard, Paris, Seuil, 1997, extraits de la section 73, p. 519-524.

autre? Ainsi, lorsque nous demandons à quelqu'un pourquoi il se sent coupable, quelle sorte de réponse attendons-nous? N'importe quelle réponse n'est certainement pas acceptable. Une simple référence à la punition que l'on attend ne suffit pas; elle pourrait s'expliquer par la peur ou l'anxiété, non par le sentiment de culpabilité. De la même façon, mentionner les ennuis ou les inconvénients survenus à la suite de nos actions passées explique les sentiments de regret, mais pas la culpabilité et encore moins le remords. La peur et l'anxiété accompagnent certainement souvent le sentiment de culpabilité pour des raisons qui sont évidentes, mais elles ne doivent pas être confondues avec les émotions morales. Il ne faut donc pas traiter l'expérience de la culpabilité comme un mélange de peur, d'anxiété et de regret. L'anxiété et la peur ne sont pas du tout des sentiments moraux; quant au regret, il est lié à une certaine idée de notre propre bien, étant provoqué par l'échec de la satisfaction de nos intérêts. Même des phénomènes comme le sentiment névrotique de la culpabilité ainsi que d'autres déviations par rapport à la norme sont considérés comme des sentiments de culpabilité, et pas simplement comme des peurs ou des anxiétés irrationnelles, à cause du caractère particulier de leurs motifs. Dans de tels cas, on suppose toujours qu'une investigation psychologique plus approfondie révélera (ou a déjà révélé) la similarité avec d'autres sentiments de culpabilité.

En général, un trait nécessaire des sentiments moraux qui permet de les distinguer des attitudes naturelles est constitué par le fait que la personne qui explique son expérience invoque un concept moral et les principes qui y sont associés. Son analyse fait référence à un bien ou à un mal reconnus. Si l'on veut mettre cela en question, on produira diverses formes de sentiment de culpabilité comme contre-exemples. Ceci est facile à comprendre puisque les formes les plus précoces de la culpabilité sont liées à l'autorité et que nous ne pouvons grandir sans ce qu'on pourrait appeler des sentiments de culpabilité résiduels. Par exemple, quelqu'un qui aurait été élevé dans une secte religieuse très stricte pourrait avoir appris qu'il est mal d'aller au théâtre. Bien qu'il n'y croit plus, il nous dit qu'il se sent toujours coupable quand il va au théâtre. Mais il ne s'agit pas là d'un véritable sentiment de culpabilité puisqu'il ne va pas s'excuser auprès de qui que ce soit ni décider de ne pas aller voir de pièces de théâtre et ainsi de suite. Il devrait plutôt dire qu'il éprouve certaines sensations et émotions désagréables qui ressemblent à celles qu'il a lorsqu'il se sent coupable. Si, alors, nous acceptons la justesse de la doctrine du contrat, nous voyons que l'explication de certains sentiments moraux invoque certains principes du juste qui seraient choisis dans la position originelle alors que les autres sont liés au concept du bien. Par exemple, quelqu'un peut se sentir coupable parce qu'il sait qu'il a pris plus que sa part (définie par une juste répartition) ou qu'il a traité les autres de manière injuste. Ou bien quelqu'un peut avoir honte de sa lâcheté et de ne pas avoir parlé franchement. Il n'a pas réussi à vivre au niveau de la conception morale qu'il s'est imposé de réaliser. […]

Ensuite, nous avons un ensemble de questions concernant la relation des sentiments moraux à l'action. (e) Quelles sont les intentions, les tentatives et les tendances caractéristiques de quelqu'un qui éprouve un sentiment donné ? Quelle sorte de choses désire-t-il faire ou se trouve-t-il incapable de faire ? Par exemple, un homme en colère essayera de rendre les coups ou de barrer le chemin aux projets de celui contre qui il est en colère. Mais quand il éprouve de la culpabilité, il souhaite agir correctement dans le futur et essaye de modifier sa conduite. Il est enclin à admettre ce qu'il a fait et à demander sa réintégration, à reconnaître ses torts et à accepter les reproches et les punitions ; il se trouve alors moins en mesure de condamner les autres quand ils agissent mal. […]

En outre nous pouvons demander : (f) Quelles sont les émotions et les réponses qu'une personne ayant un sentiment particulier attend de la part des autres ? Comment anticipe-t-elle leurs réactions vis-à-vis d'elle, cela se manifestant par exemple par diverses distorsions caractéristiques dans son interprétation de la conduite des autres à son égard ? Ainsi quelqu'un qui se sent coupable, reconnaissant que son action est une transgression des revendications légitimes des autres, s'attend à leur ressentiment et à ce qu'ils punissent sa conduite par divers moyens. Il suppose aussi que des tiers s'indigne-raient également de sa conduite. Quelqu'un qui se sent coupa-ble, donc, appréhende le ressentiment et l'indignation des autres et les incertitudes qui en résultent pour lui. Par opposi-tion quelqu'un qui se sent honteux anticipe la dérision et le mépris. Il est tombé au dessous de ses critères d'excellence, s'est abandonné à la faiblesse et se montre lui-même indigne de s'associer à ceux qui partagent ses idéaux. Il redoute d'être rejeté, d'être un objet de mépris et de ridicule. […]

Pour finir, nous pouvons demander : (g) Quelles sont les tentatives d'agir caractéristiques qui donnent lieu au senti-ment moral et comment ce sentiment est-il habituellement surmonté ? Ici encore existent des différences marquées entre les diverses émotions morales. Les sentiments de culpabilité et de honte ont un cadre différent et sont surmontés de manière différente et ces différences reflètent les principes qui les défi-nissent et auxquels ils sont reliés ainsi que leurs bases psycho-logiques particulières. Ainsi, par exemple, la culpabilité est soulagée par la réparation des fautes et par le pardon qui permet la réconciliation ; tandis que la honte est effacée en prouvant qu'on a vaincu ses défauts par une confiance renouvelée dans l'excellence de sa propre personne.

COMMENTAIRE

Kant a donné un relief incomparable à l'intuition selon laquelle la morale ne saurait être affaire d'émotions. John Rawls, dont la philosophie revendique une filiation kantienne, cherche, dans les passages qui précèdent, à rendre justice à l'intuition contraire selon laquelle les émotions sont au cœur de notre vie morale. L'une de nos tâches est de déterminer jusqu'à quel point il se démarque de la tradition dans laquelle il s'inscrit.

C'est en explorant certaines dimensions universelles des émotions que Rawls espère révéler pourquoi certaines d'entre elles sont en lien étroit avec la morale. Mettons-les d'emblée en évidence : a) considérations linguistiques, b) expressions de l'émotion, c) sensations corporelles, d) motifs expliquant l'occurrence de l'émotion, e) tendances à l'action caractéristiques, f) attentes concernant les réponses affectives d'autrui et g) manière de « faire face » à la situation dans laquelle s'inscrit l'émotion. À la lumière de ces critères, certaines émotions seront en lien étroit avec notre conception intuitive de la morale, d'autres moins. Tel est le cas, par exemple, de certains *motifs* (saisir la souffrance d'autrui) et de certaines *tendances à l'action* (chercher à la soulager). De manière générale, l'application de ces critères peut situer ces liens au niveau du *type* d'émotion considéré, ou seulement à celui de certaines de ses *instances*. Une émotion qui par nature aurait des tendances à l'action dirigées vers le soulagement des peines d'autrui (peut-être la sympathie) serait un *type* d'émotion morale. À l'inverse, certaines *instances* de joie seulement pourraient être en lien avec la morale, à savoir lorsqu'elles sont par exemple motivées par la saisie du succès mérité d'autrui. Et il est intéressant de constater que ces instances en lien étroit avec la morale reçoivent parfois un nouveau nom. C'est ainsi que la colère, qui n'est pas toujours morale, est appelée « indignation » lorsqu'elle est calibrée sur un objet moral, de même que la joie est appelée *Schadenfreude* lorsqu'elle est calibrée sur le malheur d'autrui [1].

L'application intuitive des critères de Rawls montre qu'il s'inscrit dans une approche englobante, ce qui paraît prometteur puisque les quelques exemples évoqués révèlent déjà que les liens entre émotion et morale peuvent être variés et complexes. Notez par ailleurs que Rawls ne fait pas ici de distinction nette entre sentiments et émotions moraux, dans la mesure où il semble considérer les sentiments comme des types particuliers de dispositions affectives qui se manifestent par le biais d'émotions. Bien que cela n'aille pas de soi, nous le suivrons sur ce point.

Afin de progresser dans la compréhension des liens complexes entre émotions et morale, il est crucial de noter que l'on peut interpréter de manières très différentes la question « qu'est-ce qu'une émotion morale ? ». D'abord, 1) on peut se demander s'il y a des émotions auxquelles les prédicats moraux

---

1. Pour la notion de calibration des émotions, voir *supra*, p. 33-36, « Liens entre émotions de base et dérivées ».

s'appliquent directement. En d'autres termes, y a-t-il des émotions moralement mauvaises, moralement bonnes et moralement indifférentes? Ensuite, 2) l'interrogation peut porter sur la *pertinence* de certaines émotions pour la morale. Le problème n'est alors pas, du moins directement, de savoir s'il existe des émotions moralement bonnes ou mauvaises, mais plutôt si certaines d'entre elles s'avèrent plus pertinentes que d'autres pour la morale. Le contraste est alors celui entre émotions morales et non morales. Nous verrons que cette pertinence prend deux formes principales, l'une modeste, l'autre ambitieuse. La première concerne le fait que certaines émotions répondent à des considérations d'ordre moral en ce sens qu'elles servent d'*interface* entre ces considérations et les conduites à suivre. La seconde fait jouer à certaines émotions un rôle plus fondamental, d'une part dans la *constitution de l'agent moral* et, d'autre part, dans la *connaissance morale*. Considérons tour à tour ces deux interrogations distinctes à la lumière des critères invoqués par Rawls.

1) Y a-t-il donc des émotions moralement bonnes et mauvaises? Certaines viennent immédiatement à l'esprit. On peut considérer que l'amour, la sympathie et le respect sont au nombre des émotions bonnes, alors que la haine, la jalousie et l'envie sont des émotions mauvaises. Si ce premier contraste répond bel et bien à des intuitions importantes, les remarques suivantes s'imposent néanmoins. D'abord, les conceptions sous-jacentes de la morale qu'elles trahissent – par exemple, évaluer l'amour comme moralement bon et l'envie comme moralement mauvaise se comprend aisément dans le cadre de la morale chrétienne –, ne sont pas des conceptions à l'aune desquelles beaucoup voudront déterminer le statut moral des émotions. Ensuite, et plus fondamentalement, les conceptions gouvernant ces évaluations ne sont pas particulièrement

claires. L'une d'entre elles, cependant, de par son ancrage scientifique, apporte une réponse déterminée à notre première question. Il s'agit de cette forme de naturalisme en éthique au sein duquel ce qui est moralement bon est, sinon identifié, du moins fortement associé à ce qui facilite les relations interpersonnelles (*pro-social*).

S'inscrire dans cette forme de naturalisme revient à recruter et interpréter d'une manière particulière certains des critères invoqués par Rawls. Dans la mesure où l'on se concentre sur ce qui favorise les relations interpersonnelles, on mettra l'accent sur les critères (e), concernant les tendances à l'action, (b) et (c), concernant respectivement les expressions des émotions et les sensations corporelles qui les accompagnent. En effet, certaines émotions, en vertu des tendances à l'action, des expressions faciales et des sensations corporelles qui y sont associées, facilitent les relations au sein du groupe. Les expressions faciales aident à la reconnaissance par autrui des actions que le sujet est enclin à entreprendre et permettent par ce biais son intégration sociale; et, de par leur valence positive ou négative, les sensations corporelles constituent le moteur d'actions moralement bonnes. Par exemple, la culpabilité favorise la réparation de la faute, sa reconnaissance par autrui au moyen de la manière dont elle s'exprime apaise le groupe et son caractère désagréable explique pourquoi le sujet cherche à l'éviter et peut-être à s'en débarrasser au plus vite [1].

Dans ce cadre explicatif, diverses spécifications du critère (d) proposé par Rawls concernant les motifs qui rendent les émotions moralement bonnes sont possibles. Une approche

---

1. Pour un examen sophistiqué du rôle de la culpabilité s'inscrivant dans un cadre naturaliste, voir A. Gibbard, *Wise Choices, Apt Feelings : A Theory of Normative Judgement*, Oxford, Oxford UP, 1990.

radicale consiste à les identifier directement à ce qui fournit un avantage adaptatif, que celui-ci se situe au niveau du gène, de l'individu ou du groupe. De manière plus nuancée, on peut s'attacher à isoler des motifs particuliers qui, par leur contenu, spécifient les manières différentes dont les émotions sont moralement bonnes (la sympathie parce qu'elle répond à la souffrance, la culpabilité parce qu'elle pousse à réparer la faute, etc.). Il est aussi possible de spécifier les motifs pertinents d'une manière plus directement liée à des conceptions traditionnelles de la motivation morale. On insistera alors sur la nécessité, pour les motifs pertinents, d'être altruistes, c'est-à-dire des motifs qui n'ont pas pour but les intérêts du sujet, du moins à première vue. Combiner le caractère altruiste des motifs et la facilitation des relations interpersonnelles permet alors d'isoler quatre catégories d'émotions morales : celle de condamnation d'autrui (mépris, colère et dégoût), celles d'auto-évaluation (honte, culpabilité et embarras), celles liées aux souffrances d'autrui (compassion et sympathie) et celles louant autrui (gratitude et admiration) [1].

L'interprétation naturaliste des critères de Rawls repose sur une conception bien particulière de la morale. On ne reconnaît pas dans cette lecture du critère (d) les conditions que l'on estime traditionnellement devoir être satisfaites par des motifs pour qu'ils puissent entrer dans le champ de la morale. En effet, les motifs altruistes invoqués par la théorie sont des forces qui agissent aux dépens des sujets qui les instancient,

---

1. Pour cette taxonomie, voir J. Haidt, « The Moral Emotions », dans R.J. Davidson, K.R. Scherer et H.H. Goldsmith (dir.), *Handbook of Affective Sciences*, New York, Oxford UP, 2003, p. 852-870. Pour un développement philosophique nuancé de ce programme, voir S. Nichols, *Sentimental Rules*, New York, Oxford UP, 2004.

que celles-ci confèrent des avantages adaptatifs au sujet, à certains de ses gènes ou à son groupe. C'est donc sur les conséquences des actions et non sur les motifs de l'agent que l'accent est mis. Que l'on considère d'un bon ou d'un mauvais œil ce programme naturaliste – il a le mérite de proposer un cadre explicatif cohérent de la morale et d'écarter des questions et problèmes qui minent les débats traditionnels en éthique –, il n'en demeure pas moins que le rôle qu'il attribue aux émotions dans la morale est très marginal. En effet, ce n'est qu'en vertu d'une conception préalable du bien moral, ce qui facilite les relations interpersonnelles et favorise peut-être par ce biais le bien-être du plus grand nombre, que les émotions héritent d'une qualification morale dans la mesure où elles autorisent ou empêchent sa réalisation.

À ce stade, la conclusion semble donc celle-ci : appliquer directement les prédicats moraux aux émotions n'est possible qu'à la lumière d'une conception préalable du bien. La constatation peut s'imposer d'autant plus si l'on considère la théorie alternative majeure du bien avec laquelle nous avons débuté ce commentaire. Dans le programme déontologique issu de Kant, en effet, où l'on considère que l'action morale est celle qui se conforme aux verdicts de la Raison, les émotions ne constituent qu'un facteur perturbant son exercice. C'est pourquoi la morale kantienne refuse aux émotions un quelconque statut moral positif, à l'exception du respect (*Achtung*) lorsqu'il est calibré de manière à prendre pour seul objet la loi morale déterminée par la Raison.

Doit-on donc conclure que les émotions sont en lien au mieux dérivé et au pire négatif avec la morale ? Oui, si l'on prend notre question initiale dans le premier sens, à savoir comme une tentative d'appliquer directement les prédicats moraux aux émotions. Non, toutefois, si l'on s'attache à comprendre la *pertinence* morale des émotions, à savoir si celles-ci remplissent certaines contraintes qui les rendent aptes à entrer dans le champ de la morale. C'est le problème sur lequel porte notre seconde question et le sens dans lequel il faut comprendre la distinction de Rawls entre émotions « naturelles » et « morales ».

2) Quelles sont les contraintes auxquelles il est ici fait appel ? À en croire Rawls, celles-ci pèsent principalement sur le critère (d), à savoir sur les propriétés que doit exemplifier un *motif* pour être éligible à un quelconque statut moral. Dans le cadre du naturalisme en éthique que nous avons évoqué, le motif est souvent évalué au regard de la considération exclusive de ses conséquences. À l'inverse, la conception déontologique circonscrit ces motifs à travers la seule référence aux verdicts de la Raison. Ce que nous invite à considérer notre seconde question, ce ne sont pas les conceptions sous-jacentes qui président à l'élection de ces motifs, mais plutôt l'existence de propriétés conformes à nos intuitions qui leur confèrent un statut moral. Or, il n'y a pas besoin de souscrire à une morale déontologique pour souligner à son instar l'importance des considérations suivantes. Un agent moral agit *à la lumière de raisons* – Jean considère ainsi la bonté de cette action comme une raison en sa faveur. Un tel agent exerce une certaine *autonomie* dans la manière dont il privilégie certaines d'entre elles – les raisons de Jean sont les siennes, elles ne lui sont pas imposées de l'extérieur. Et, s'il est tenu pour *responsable* des conséquences de son action, c'est par exemple qu'il aurait pu élire d'autres raisons. Mais n'est-ce pas précisément à la lumière de ces considérations que l'on doutera de la pertinence des émotions pour la morale, et à nouveau sans partager la suspicion du kantien à leur égard ? Ne sont-elles pas préci-

sément souvent invoquées pour expliquer l'absence d'autonomie du sujet et, partant, sa responsabilité diminuée dans ses
actions accomplies pour de mauvaises raisons ?

On examinera ici l'éventuelle pertinence morale de la
culpabilité et de la honte du point de vue de la responsabilité et
de l'autonomie, puisque ce sont les émotions sur lesquelles
Rawls se concentre principalement[1]. Si, comme il le souligne,
toutes les instances de culpabilité devaient être comprises par
« référence à la punition », alors elles n'auraient aucune pertinence morale. La crainte d'une sanction imposée de l'extérieur est en effet un exemple paradigmatique d'absence d'autonomie ou, selon la terminologie consacrée, d'hétéronomie.
Concevoir la culpabilité comme l'intériorisation d'une telle
punition, comme le font Freud et Nietzsche[2], c'est se priver
d'emblée de lui faire jouer un quelconque rôle moral. Quant à
la honte, elle est souvent vue comme encore moins pertinente
pour la morale. Elle est d'une part par excellence hétéronome
– à travers elle, le sujet se soumet à l'opinion d'autrui[3] – ;
d'autre part elle est souvent déclenchée par ce qui dépasse le
contrôle du sujet (son poids ou ses origines sociales par
exemple) et dont il ne saurait dès lors être tenu pour
responsable[4].

---

1. Pour un examen détaillé de la différence entre honte et culpabilité, voir
J. Deonna et F. Teroni, « Distinguishing Shame from Guilt », *Consciousness
and Cognition*, à paraître.

2. S. Freud, *Malaise dans la civilisation*, trad. fr. Ch. et J. Odier, Paris,
PUF, 1971 et F. Nietzsche, *Généalogie de la Morale*, trad. fr. E. Blondel,
O. Hansen-Love, T. Leydenbach et P. Pénisson, Paris, Flammarion, 2000.

3. Voir en particulier R. Benedict, *Le chrysanthème et le sabre*, trad. fr.
L. Mécréant, Paris, Picquier, 1998.

4. Voir R. Ogien, *La honte est-elle immorale ?*, Paris, Bayard, 2002 qui
doute, pour des raisons apparentées, que la honte puisse être morale.

Ecarter ainsi ces deux émotions du champ de la morale est cependant loin d'aller de soi. Rawls souligne à juste titre qu'il n'y a aucune raison de penser que les motifs pertinents pour expliquer l'occurrence de la culpabilité doivent prendre la forme d'une crainte de l'autorité. Bien plutôt, celle-ci est souvent une réponse à la constatation par le sujet qu'il a commis une faute morale. Il considère avoir violé un principe ou une norme auxquels il adhère. Le fait incontestable que la formation de ces principes ou normes soit en grande partie influencée par le milieu familial et social est entièrement compatible avec une adhérence personnelle à ceux-ci. Et, contrairement à ce que suggère le modèle freudien, la recherche récente souligne que la peur de la punition est marginale dans la formation des principes et normes auxquels le sujet finit par adhérer[1]. Ensuite, puisqu'il adhère à ces principes et normes, on peut penser que les motifs qu'il invoquera pour expliquer sa culpabilité sont précisément les raisons qu'il a élues et dont on pourra le tenir pour responsable. C'est en vertu de ce lien étroit avec la responsabilité que beaucoup considèrent précisément la culpabilité comme l'émotion morale par excellence[2].

Qu'en est-il de la honte? Rawls souligne à l'encontre de toute une tradition que la honte s'explique par le fait que le sujet réalise qu'il «est tombé au dessous de ses critères d'excellence». Dans la honte, le sujet perçoit qu'il n'a pas été

---

1. Voir G. Kochanska, «Mutually Responsive Orientation Between Mothers and Their Young Children», *Child Development*, 68.1, 1997, p. 94-112 et N. Eisenberg «Empathy-Related Emotional Responses, Altruism, and Their Socialization», dans R.J. Davidson et A. Harrington (dir.), *Visions of Compassion*, New York, Oxford UP, 2002, p. 131-164.

2. Voir par exemple R.E. Lamb, «Guilt, Shame, and Morality», *Philosophy and Phenomenological Research*, 43, 1983, p. 329-346.

à la hauteur de certains critères d'excellence, idéaux ou valeurs, motivant ainsi une perception de lui-même comme dégradé[1]. La honte est « morale » – avoir honte de sa lâcheté –, par opposition à « naturelle » – avoir honte de son nez –, lorsque ces idéaux ou valeurs sont moraux. Or, dans les deux cas, comment mieux expliquer l'occurrence de la honte que par référence à des critères, idéaux ou valeurs auxquels il adhère personnellement et qui en cela manifestent son autonomie ? Le simple fait qu'autrui le regarde et le juge négativement – type d'exemple mis en avant pour illustrer l'hétéronomie de la honte – motiverait au mieux sa colère ou sa peur ; et si ce regard motive la honte, c'est bien parce qu'il adhère, d'une manière ou d'une autre, aux critères ou valeurs qui motivent ce jugement. Et, lorsque cette auto-évaluation négative résulte d'une action qu'il aurait pu éviter, la honte du sujet s'explique au moins en partie par le fait qu'il se sent responsable d'avoir manqué à certains critères d'excellence.

Cela étant dit, ces réponses émotionnelles n'épousent pas de manière évidente les contours restrictifs de la morale déontologique. Ainsi, par exemple, ressentir de la culpabilité au fait d'être partie prenante d'une mort dont on est la cause accidentelle sera considéré non seulement comme intelligible, mais même comme moralement pertinent[2]. Il n'est pas rare non plus d'éprouver de la culpabilité pour certains de nos fantasmes ou désirs, alors que notre responsabilité entendue au sens strict n'est pas clairement engagée. Là encore, on considérerait avec

1. Voir G. Taylor, *Pride, Shame and Guilt*, New York, Oxford UP, 1985 pour le développement contemporain le plus sophistiqué des rapports entre honte et excellence.

2. B. Williams, *La honte et la nécessité*, trad. fr. J. Lelaidier, Paris, PUF, 1994, chap. 4.

suspicion l'agent qui n'en ressentirait pas. Comme d'autres l'ont souligné[1], de tels exemples suggèrent que nos pratiques morales débordent le cadre dessiné par la morale déontologique. Par ailleurs, on peut penser que certaines formes d'hétéronomie ne privent pas non plus les émotions et les actions qui en découlent d'une pertinence morale. Certains épisodes de honte occasionnés par le regard négatif d'autrui sont, comme nous allons le voir, d'une pertinence morale non négligeable lorsqu'autrui possède un statut positif aux yeux du sujet.

Au vu de ces constatations, deux réactions au moins sont possibles. D'abord, on peut considérer que seules certaines occurrences de ces émotions sont moralement pertinentes, à savoir celles qui épousent les contours d'une morale dont les traits sont spécifiables indépendamment d'elles. Ceci constitue la réponse *modeste* à la question de la pertinence des émotions pour la morale. Elles sont moralement pertinentes en vertu du fait qu'elles répondent à l'application des notions de responsabilité et d'autonomie, et en cela peuvent constituer une interface ou un raccourci commode pour la détermination de l'action juste.

Ensuite, on peut tâcher de faire sens des intuitions précédentes en montrant comment elles découlent d'une conception bien plus profonde des relations entre morale et émotions. Ceci constitue le point de départ d'une réponse *ambitieuse* à la question de la pertinence morale des émotions. Cette voie semble celle empruntée par Rawls. À tout le moins, elle peut prendre comme point de départ les deux derniers critères qu'il introduit et que nous avons laissés de côté jusqu'à

1. J. Deigh, «All Kinds of Guilt», *Law and Philosophy* 18, 1999, p. 313-325.

présent. Il s'agit des critères (f) concernant les attentes par
rapport aux réponses affectives d'autrui et (g) portant sur les
manières de «faire face» aux situations dans lesquelles s'inscrivent les émotions. Considérons donc tour à tour ces critères,
et voyons comment ils s'inscrivent dans un tel programme.

S'il y a de nombreuses manières dont (f) les émotions nous
rendent sensibles aux attentes d'autrui pertinentes pour la
morale, qu'elles soient affectives ou non, nous nous concen-
trerons sur un aspect de cette question bien illustré par
l'exemple de la honte. Cette dernière, avons-nous souligné,
est parfois occasionnée par une réponse émotionnelle ou un
jugement négatif d'autrui, et devient moralement pertinente
lorsqu'autrui est respecté par le sujet. Cette forme modérée
d'hétéronomie – la critique dont il ne saisit peut-être pas les
raisons est prise en compte par le sujet en vertu de la valeur
qu'il reconnaît à sa source – le rend en effet potentiellement
attentif à certains enjeux évaluatifs de son environnement ou
de sa conduite qui, sans elle, ne lui seraient pas accessibles[1].
Ceci est un exemple de la prise en compte par les émotions des
attentes d'autrui; un aspect du caractère crucial de la honte
consiste donc en ce que, dans des circonstances favorables,
elle ouvre au sujet un champ épistémique en éclairant des
distinctions et relations morales auxquelles il serait sans cela
aveugle.

Considérons maintenant le dernier critère (g) portant sur la
manière de «faire face» à la situation dans laquelle s'inscrit
l'émotion. Comment la honte en vient-elle à favoriser, comme
Rawls l'affirme, «une confiance renouvelée dans l'excellence
de sa propre personne»? C'est que la honte n'est pas simple-

---

1. B. Williams, *op. cit.*, chap. 4.

ment motivée par le constat du sujet qu'il n'est pas à la hauteur de ses idéaux, mais bien plutôt par sa réalisation du fait qu'il est en deçà du seuil minimal des attentes qu'il possède par rapport à sa propre personne. La notion de « personne » est à comprendre ici en termes évaluatifs ; elle est constituée par les valeurs fondamentales du sujet [1]. Pour une personne, se refuser à descendre en dessous de ce qu'elle considère comme minimalement acceptable à la lumière de ses valeurs est ce qu'on appelle son « sens de la honte » ou son « respect de soi » [2]. C'est qu'en effet la honte fonctionne comme gardienne de ces valeurs ; elle le fait au moins de deux manières. D'abord, sous sa forme anticipée, elle révèle les circonstances qui constituent une menace pour la personne ainsi comprise et la motive à les éviter. Ensuite, sous sa forme actualisée, et passés les premiers moments douloureux, elle motive une réforme à même de déboucher sur cette confiance renouvelée dont parle Rawls. Or, cet ensemble de valeurs en dessous desquelles le sujet ne descend qu'au prix de la perte du respect qu'il se porte n'est rien moins que le fondement de sa conception du bien. Seul un sujet doté d'une telle conception, telle qu'elle se constitue notamment à travers la honte, est un *agent moral* au sens de notre seconde question.

On peut donc penser que les limites d'une conception déontologique trop stricte de la morale, et que Rawls dépasse clairement ici, proviennent du refus de voir le rôle fondamental des émotions dans la constitution du sujet en agent moral. C'est caricaturer ce dernier que de le concevoir seulement comme un être qui suit des normes auxquelles il adhère,

1. G. Taylor, *op. cit.*
2. Pour la manière dont Rawls comprend ces notions, voir J. Rawls, *op. cit.*, p. 479-486.

sans insister sur le fait que cette conformation à des normes se fait à la lumière des valeurs qui le structurent. La considération du critère (g) de Rawls dévoile ainsi un deuxième aspect de la pertinence fondamentale des émotions pour la morale : celles-ci, et en particulier la honte, constituent la conscience des valeurs qui font d'un sujet un agent moral. Le domaine couvert par ces valeurs sera bien sûr plus étendu que ce qui est peut-être l'un de ses sous-ensembles. Pour reprendre les termes de Rawls, il ne couvrira pas seulement les valeurs liées à « certains principes du juste » ; le champ de ce qui est moralement pertinent s'élargit « au concept du bien », bien qui dépend en partie de la manière dont l'agent le constitue. Il est dès lors difficile d'exclure *a priori* certaines valeurs du champ de la morale.

Reste à savoir ce que signifie l'idée qu'un agent moral se constitue par la conscience des valeurs. En effet, si la conception du bien de l'agent moral était indépendante de la conscience qu'il en a à travers ses émotions, on serait à nouveau conduit à apporter une réponse *modeste* à la question de la pertinence morale des émotions : ces dernières ne constitueraient qu'une interface commode pour la détermination de l'action juste. Or, si Rawls, comme nous venons de le constater, leur attribue des rôles autrement plus importants, ses critères ne sont d'aucune aide pour cerner la contribution des émotions dans cette conscience des valeurs essentielle à la constitution de l'agent moral.

Partant du constat que les émotions causent et motivent des actions, la question plus fondamentale ne consiste-t-elle pas à se demander si l'on peut faire référence aux émotions elles-mêmes comme motifs moraux de l'action ? Rawls, fidèle en cela à la tradition dans laquelle il s'inscrit, se refuse à souscrire à une réponse positive dont dépend pourtant la poursuite d'un programme *ambitieux* concernant la pertinence morale des émotions. Un tel programme est-il viable? Certains philosophes ont défendu l'idée selon laquelle les émotions sont des expériences de valeur[1]. Si tel est le cas, mentionner une émotion comme motif de l'action revient à l'expliquer par la présence d'une valeur représentée dans un état intentionnel. Cette idée s'accompagne parfois de l'affirmation additionnelle selon laquelle les émotions sont une voie privilégiée pour la connaissance des valeurs et parmi elles des valeurs morales[2]. Cela étant dit, le fait est que comprendre un motif *comme un motif* peut prendre deux formes. Soit celle exemplifiée par les émotions, à savoir l'expérience directe d'une valeur comme donnant une raison pour l'action, soit celle caractéristique d'une considération de principes ou de normes comme dictant une certaine conduite. Le tenant d'une conception ambitieuse du rôle des émotions dans la morale admettra bien sûr que les normes dictent parfois nos conduites. Cependant, il insistera d'abord, à l'encontre d'une conception déontologique, sur le fait que leur caractère général les empêche de constituer à elles seules une carte suffisamment riche du territoire moralement pertinent. Il fera remarquer ensuite et crucialement que nous ne comprenons pourquoi il faut se conformer à une norme que lorsque nous saisissons à travers les émotions les valeurs qu'elle cherche à promouvoir[3].

1. Nous défendons cette thèse *supra*, p. 67-82, « L'intentionnalité affective ».
2. Nous avons souligné dans le premier commentaire qu'un examen de l'ontologie des valeurs débouchait sur cette affirmation.
3. Pour un examen des relations entre normes et valeurs, voir P. Livet, *Les Normes*, Paris, Armand Colin, 2005, chap. 1.

Nous avons débuté ce commentaire en distinguant deux manières de comprendre la question « qu'est-ce qu'une émotion morale ? ». La première la comprenait comme réclamant une évaluation directe du caractère moralement bon ou mauvais des émotions. La seconde l'interprétait en termes de pertinence des émotions pour la morale. Si l'examen de cette seconde interprétation de notre question débouche sur un programme ambitieux, cela nous permet maintenant d'offrir une réponse alternative et plus nuancée à la question entendue dans le premier sens. En effet, puisque les émotions sont pertinentes pour la morale en ce qu'elles dévoilent les valeurs, on peut ajouter maintenant que, lorsque les valeurs sont moralement pertinentes dans les circonstances, les émotions qui y répondent correctement sont moralement bonnes.

TABLE DES MATIÈRES

TEXTES ET COMMENTAIRES

Imprimé en France par CPI
en octobre 2016
Dépôt légal : octobre 2016
N° d'impression : 137809

DANS LA MÊME COLLECTION

Éric DUFOUR, *Qu'est-ce que la musique ?*, 2ᵉ édition
Julien DUTANT, *Qu'est-ce que la connaissance ?*
Michel FABRE, *Qu'est-ce que problématiser ?*
Hervé GAFF, *Qu'est-ce qu'une œuvre architecturale ?*
Benoît GAULTIER, *Qu'est-ce que le pragmatisme ?*
Pierre GISEL, *Qu'est-ce qu'une religion ?*
Jean-Yves GOFFI, *Qu'est-ce que l'animalité ?*
Denis GRISON, *Qu'est-ce que le principe de précaution ?*
Gilbert HOTTOIS, *Qu'est-ce que la bioéthique ?*
Annie IBRAHIM, *Qu'est-ce que la curiosité ?*
Catherine KINTZLER, *Qu'est-ce que la laïcité ?*, 2ᵉ édition
Sandra LAPOINTE, *Qu'est-ce que l'analyse ?*
Michel LE DU, *Qu'est-ce qu'un nombre ?*
Pierre LIVET, *Qu'est-ce qu'une action ?*, 2ᵉ édition
Louis LOURME, *Qu'est-ce que le cosmopolitisme ?*
Fabrice LOUIS, *Qu'est-ce que l'éducation physique ?*
Michel MALHERBE, *Qu'est-ce que la politesse ?*
Paul MATHIAS, *Qu'est-ce que l'internet ?*
Lorenzo MENOUD, *Qu'est-ce que la fiction ?*
Michel MEYER, *Qu'est-ce que l'argumentation ?*, 2ᵉ édition
Michel MEYER, *Qu'est-ce que le théâtre ?*
Anne MEYLAN, *Qu'est-ce que la justification ?*
Cyrille MICHON, *Qu'est-ce que le libre arbitre ?*
Paul-Antoine MIQUEL, *Qu'est-ce que la vie ?*
Jacques MORIZOT, *Qu'est-ce qu'une image ?*, 2ᵉ édition
Gloria ORIGGI, *Qu'est-ce que la confiance ?*
Mélika OUELBANI, *Qu'est-ce que le positivisme ?*
Claire PAGÈS, *Qu'est-ce que la dialectique ?*
Claude PANACCIO, *Qu'est-ce qu'un concept ?*
Denis PERRIN, *Qu'est-ce que se souvenir ?*
Roger POUIVET, *Qu'est-ce que croire ?*, 2ᵉ édition
Roger POUIVET, *Qu'est-ce qu'une œuvre d'art ?*
Julien RABACHOU, *Qu'est-ce qu'un monde ?*
Manuel REBUSCHI, *Qu'est-ce que la signification ?*
Dimitrios ROZAKIS, *Qu'est-ce qu'un roman ?*
Jean-Marc SÉBÉ, *Qu'est-ce qu'une utopie ?*
Yann SCHMITT, *Qu'est-ce qu'un Dieu ?*
Alexander SCHNELL, *Qu'est-ce que le phénomène ?*
Franck VARENNE, *Qu'est-ce que l'informatique ?*
Hervé VAUTRELLE, *Qu'est-ce que la violence ?*
Joseph VIDAL-ROSSET, *Qu'est-ce qu'un paradoxe ?*
Joseph VIDAL-ROSSET, *Qu'est-ce que la négation ?*
John ZEIMBEKIS, *Qu'est-ce qu'un jugement esthétique ?*